COMO ESCREVER UMA CANÇÃO

SERVIÇO SOCIAL DO COMÉRCIO
Administração Regional no Estado de São Paulo

Presidente do Conselho Regional
Abram Szajman
Diretor Regional
Luiz Deoclecio Massaro Galina

Conselho Editorial
Carla Bertucci Barbieri
Jackson Andrade de Matos
Marta Raquel Colabone
Ricardo Gentil
Rosana Paulo da Cunha

Edições Sesc São Paulo
Gerente Iã Paulo Ribeiro
Gerente Adjunto Francis Manzoni
Editorial Jefferson Alves de Lima
Assistente: Thiago Lins
Produção Gráfica Fabio Pinotti
Assistente: Thais Franco

JEFF TWEEDY

COMO ESCREVER UMA CANÇÃO

Tradução:
THIAGO LINS

edições
sesc

Título original: How To Write One Song
Essa edição foi publicada por acordo com Dutton, uma marca da Penguin Publishing Group, uma divisão da Penguin Random House LLC
© Jeffrey Scot Tweedy, 2020
© Edições Sesc São Paulo, 2025
Todos os direitos reservados

Preparação Silvana Cobucci
Revisão Edgar Costa Silva, Vanessa Paulino da Silva
Projeto gráfico e diagramação Fabio Pinotti
Adaptação da capa Fabio Pinotti

Dados Internacionais de Catalogação na Publicação (CIP)

T971c Tweedy, Jeff

Como escrever uma canção / Jeff Tweedy; Tradução: Thiago Lins. – São Paulo: Edições Sesc São Paulo, 2025.

136 p.

ISBN: 978-85-9493-336-2

1. Música. 2. Canção. 3. Composição. 4. Escrita de canções. I. Título. II. Lins, Thiago.

CDD 780

Elaborada por Maria Delcina Feitosa CRB/8-6187

Edições Sesc São Paulo
Rua Serra da Bocaina, 570 – 11º andar
03174-000 – São Paulo SP Brasil
Tel.: 55 11 2607-9400
edicoes@sescsp.org.br
sescsp.org.br/edicoes
🅵 🆇 🅾 ▶ /edicoessescsp

NOTA À EDIÇÃO BRASILEIRA

Exercite qualquer arte: música, canto, dança, atuação, desenho, pintura, escultura, poesia, ficção, ensaio, reportagem, não importa o quão bem ou o quão mal, não para conquistar dinheiro e fama, mas para experimentar o devir, para descobrir o que há dentro de você, para fazer sua alma crescer, escreveu o renomado escritor norte-americano Kurt Vonnegut em uma carta para alunos do ensino médio de uma escola de Nova York, em 2006. Os estudantes o contataram como parte de um trabalho de inglês, poucos meses antes da morte do autor, e a carta em que ele incentiva todos a criarem arte, mesmo que não a compartilhem, virou sensação na internet, sendo constantemente revisitada nas mais variadas redes sociais até hoje.

Jeff Tweedy, fundador e líder da banda de rock norte-americana Wilco, é um dos mais talentosos músicos e compositores da atualidade. *Como escrever uma canção* é seu segundo livro e reflete seu desejo – semelhante ao de Vonnegut – de incentivar seus leitores a se permitirem ser mais criativos: *Eu quero ser a pessoa que encoraja mais seres humanos a fazer isso: a ter alguns momentos privados de criatividade, compartilhando ou não os resultados. Deveríamos ter milhares de pessoas defendendo isso. [...] Se formos realistas sobre o que um objetivo ou uma meta deva ser, criar algo sem nenhuma ambição além de tirar algo do nosso peito deve ser a coisa mais pura que alguém poderia almejar.*

Com base em sua rotina diária, sua experiência como compositor, e em uma série de exercícios e recomendações, Tweedy guia o leitor por uma definição ampla do que seria uma canção, com reflexões facilmente aplicáveis às demais artes. A música e suas múltiplas facetas são temas caros ao Sesc, seja no campo das ações artísticas, seja na área editorial. As Edições Sesc trazem este volume ao público brasileiro na esperança de que seus leitores possam se beneficiar de uma rotina criativa diária ou que, ao menos, matem sua curiosidade sobre *Como escrever uma canção*.

Gostaria de dedicar este esperançoso livrinho a todas as canções que ainda virão. As suas e as minhas. A todos os momentos que ainda acontecerão, nos quais estaremos despertos para uma possibilidade que não prevíamos. A todas as canções que são como janelas, abertas o suficiente para nos permitir escapar, e a todas as canções que são como janelas, fechadas e claras o bastante para, na penumbra, vermos nosso reflexo e nos lembrarmos de quem somos. Nenhuma dessas canções futuras nos salvará por muito tempo. Mas não deixe de escrever, esperar e observar a vida enquanto ela se revela vagarosamente para nós. Cada canção, e cada ato criativo, na realidade, é um ato de rebeldia em um mundo que muitas vezes parece determinado a se destruir. As canções que ainda escreveremos serão sempre mais importantes do que as que já cantamos e certamente mais importantes do que as que nunca traremos à luz. Espero que você, caro leitor, receba este livro com a mesma intenção com que ele foi escrito: como um humilde convite para escrever sua canção hoje, amanhã e em cada dia que vier. Temos uma escolha: estar do lado da criação ou nos rendermos aos poderes que destroem.

SUMÁRIO

Introdução   11

PARTE I
1 Por quê?   15
2 A parte mais difícil   21
3 Obstáculos   27
4 Tornar a composição um hábito   37
5 Trabalho diário   42
6 O que você consegue no final   51

PARTE II
7 Comece a escrever   61
8 Exercício 1: Escada de palavras – verbos e substantivos   65
9 Exercício 2: Roubando palavras de um livro   69
10 Exercício 3: Técnicas de recorte ou *cut-up*   72
11 Exercício 4: Variação da escada de palavras – o temido adjetivo   75
12 Exercício 5: Tenha uma conversa   78
13 Exercício 6: Brincando com rimas   85
14 Exercício 7: Não seja você mesmo   87

PARTE III
15 Pedaços de música   93
16 Recomendação 1: Aprenda as canções de outras pessoas   95
17 Recomendação 2: Ajuste o cronômetro   98
18 Recomendação 3: Abrande seu julgamento   101
19 Recomendação 4: Roube   105

PARTE IV
20 Consegue ouvir o que vem a seguir?   111
21 Gravando o que você fez   116
22 Está empacado?   121
23 O que você acabou de fazer? É bom?   128
24 Compartilhando sua canção   131

Agradecimentos   134
Sobre o autor   135

INTRODUÇÃO

Canções são misteriosas. Alguma ideia de onde elas vêm? Escrevi toneladas e mais toneladas de canções e AINDA ASSIM o melhor que consigo pensar em dizer depois de terminar uma que me agrada é "Como eu fiz isso?". É estranho quando conseguimos FAZER algo e não sabemos exatamente COMO fizemos (e, de algum modo, esperamos fazer de novo).

Acho que por isso há tanto misticismo atrelado à composição quando se tenta abordar o assunto. Ouvimos coisas como: "Sou apenas um canal" ou "O universo quis que eu escrevesse essa música". Beleza, cara, como você quiser. Tenho quase certeza de que ainda sou EU quem está fazendo o trabalho. Alguma parceria entre minha mente consciente e meu subconsciente gera resultados, mas, quando as coisas vão bem, as diferenças entre os dois se confundem, e eu nunca sei quem está no comando.

Então, a ideia de ensinar a compor canções se assemelha à ideia de ensinar alguém a pensar ou a ter ideias. Porque, para mim, as canções se parecem muito mais com pensamentos individuais do que as outras formas de arte. Elas são difíceis de agarrar: são etéreas e efêmeras, como o ar. As canções atravessam o tempo. Estão aqui e de repente desaparecem... E, ainda assim, são portáteis, podem se desdobrar como uma memória e, algo ainda mais maluco, podem pipocar em nossas mentes sem nenhum motivo. Outras formas de arte, como as pinturas e os livros, têm formas físicas e permanência, mas quantas delas nos permitem cantarolar alguns de seus compassos?

Compreensivelmente, acho que todos nós meio que assumimos que as canções são mais conjuradas do que escritas. E faz sentido que as pessoas sejam céticas quanto à ideia de que é possível ensinar a compor. Quer dizer, é fácil entender como uma abordagem "passo a passo" pode ser aplicada ao "ofício" de compositor – teoria musical, formatos tradicionais de canção, métrica –, mas, em minha experiência, essa é apenas a parte estrutural. Como ensinar alguém a compor o tipo de canção que faz *outra pessoa querer compor* uma canção? Uma música pela qual você pode se apaixonar e que pareça capaz de retribuir esse amor. É possível ensinar isso? Não tenho certeza.

Mas tenho a impressão de que parte do problema está na enormidade de ensinar alguém a compor canç*ões* – no plural. Em vez disso, creio que a única maneira de ensinar uma pessoa a escrever canções é ensiná-la a se permitir escrever UMA canção. Ensinar a pessoa a se ensinar: começando com uma única canção.

Para mim, a diferença entre uma canç*ão* e canç*ões* não é apenas um truque semântico fofo: é uma distinção importante e diz respeito ao que você realmente está fazendo. Ninguém escreve canç*ões* – plural. Escreve-se uma canção, e depois outra. E esse também é um lembrete do que você realmente deseja, ou do que eu acho que você REALMENTE deveria desejar, que é desaparecer: observar seu conceito de tempo se dissolver, viver ao menos uma vez dentro de um instante em que você não está "tentando" fazer ou ser algo. Passar tempo num lugar em que você simplesmente é.

Combinado? Combinado. É só isso... Isso é algo que não acontece com canç*ões* – no plural. Acontece somente quando você se perde no processo de fazer uma canção.

PARTE I

1 Por quê?
ou Você precisa de um motivo para escrever uma canção?

Por que escrevo canções
Muito antes de escrever minha primeira canção, eu já me via como "compositor". Eu dizia para as pessoas: "Adivinha só? Sou um compositor!". Em vez de dizer que gostaria de tentar escrever algo um dia, eu afirmava simplesmente: "Sim, sou compositor". Era uma loucura! Acho que tinha por volta de sete anos de idade. Era uma criança delirante de sete anos que esbarrara em algum truque interno de realização pessoal nível TED Talks. E funcionou! Acontece que comecei a escrever canções porque eu era um compositor. Isso e a sensação iminente, conforme eu crescia, de que seria apenas uma questão de tempo até alguém dizer: "Garoto, eu adoraria ouvir uma de suas canções!". Então, acho que minha maior motivação foi o desejo de NÃO ser revelado como uma fraude completa.

Isso faz sentido para você? Você gosta de se imaginar como alguém que escreve canções? Essa é a sua resposta para a pergunta "o que você quer ser quando crescer?"? – deixando de lado a parte constrangedora de "acho que bombeiro... talvez caubói... gostaria de ser algo na área de combate a incêndios, sabe? Mas, se possível, montado a cavalo", até finalmente chegar à convicção maluca de "compositor! Próxima pergunta, vovô!". Ou talvez seu diálogo interno soe mais ou menos assim: "Eu realmente gostaria de ser capaz de, talvez, escrever canções um dia?". Sem problemas. Deixe-me dizer logo: Você é um compositor! Sem dúvida – tanto quanto eu era antes de compor qualquer coisa. Ufa! Que bom que nos livramos disso. Perfeito, então, obrigado por comprar o livro!

Estou brincando! Ha! Isso foi hilário!

Desculpe. Vou abordar a questão de outro ângulo, o mais próximo possível do centro filosófico deste livro, e acho que é importante repetir de uma maneira que possa ser entendida de uma perspectiva mais ampla que a da composição. A verdade é que, à medida que eu envelhecia, ficou muito mais difícil responder em voz alta à pergunta "o que você quer ser?". Embora eu sempre tivesse tido uma boa ideia de que gostaria de escrever poemas, canções e tocar música, sempre tive dificuldade em dizer às pessoas que eu gostaria de ser poeta, compositor ou artista. Às vezes, ainda fico incomodado em me rotular como algo que considero tão grandioso. Por quê? Seria falsa modéstia? Duvido. Ultimamente, meu ego parece forte o bastante para tolerar algum engrandecimento.

Creio que essa desconexão está mais ligada à ideia de "ser" alguma coisa quando a maior recompensa é o "fazer". Ser algo não é real na mesma medida do que fazer algo pode ser. Todo mundo tem uma ideia diferente de "compositor". Todos imaginamos isso de um jeito diferente. Sua "compositora" usa uma boina, não é mesmo? Eu sabia! Se você fica bem usando boina, então com certeza consegue escrever canções. Em todo caso, meu "compositor" não usa boina nem se rotula como compositor, a não ser que esteja escrevendo uma canção. Por isso fiz questão de deixar claro no título deste livro que o foco é UMA canção. Durante o ato criativo, quando estamos realmente focados naquela única canção, e esse foco nos permite desaparecer (o que já estabelecemos como algo ideal a ser desejado), a imagem que os outros têm de nós para nos tomar como parâmetro de competição não existe. Na verdade, até mesmo a imagem que temos de nós mesmos pode tirar uma folga.

Então você quer ser um astro?
Em qualquer trabalho, é desolador desejar SER algo, em vez de ser motivado pelo que se quer FAZER. Você quer ser um "astro"? Nem tente, porque não vai conseguir. Mesmo que chegue lá, não vai conseguir. Porque você nunca será exatamente da maneira que está imaginando. Mas o que você quer fazer? Quer tocar música para as pessoas? Você pode fazer isso. Quer ver se consegue melhorar sua apresentação para um grupo maior de pessoas? Talvez você consiga. Posso até imaginar alguém decidindo criar uma personalidade ultrajante e experimentar novas formas musicais. E isso pode até torná-lo um astro do rock, mas duvido que esse título seja tão satisfatório quanto a parte criativa. Talvez seja um clichê, mas você precisa focar nos verbos e não nos substantivos – no que você quer fazer, e não no que gostaria de ser.

Não complique as coisas. Você quer ser ouvido – escutado. Todos queremos. Então, por mais idiota que pareça, isso só quer dizer que você precisa fazer um som. Muitos compositores aspiraram a ser Bob Dylan, inclusive eu. É um desejo muito ambicioso? Sim e não. Eu realmente quero SER Bob Dylan? Não. Eu quero fazer o que Bob Dylan faz, e, num nível mais básico, não há nada que me impeça de fazer o que Bob Dylan faz. Isso não significa que posso tocar o violão ou cantar da mesma maneira que ele, ou até mesmo compor canções do mesmo jeito. Isso significa apenas que faço um som. Escrevo uma canção e canto. Na pior das hipóteses, escuto a mim mesmo. Se você busca em mim inspiração porque quer soar ou "ser" como eu... bem, é uma honra, mas você ficará surpreso ao perceber como é maravilhoso ouvir a si mesmo cantando sua própria canção.

Uma canção será o suficiente?
Por alguma razão, sinto a necessidade de explicar claramente como diferencio "aspiração" de "realização". Para mim, "aspiração" é uma palavra reservada para seus objetivos mais elevados, seus sonhos. Acho que "aspirar" é almejar algo fora do alcance ou distante temporalmente – seu objetivo final, talvez? Está mais relacionado à ideia de como você quer que seu trabalho seja reconhecido. Apesar de poder significar quase a mesma coisa, eu diria que "realização" é algo claramente definido e alcançável.

Considero aspirações algo maravilhoso! E acredito que você deva sonhar alto. É difícil realizar algo que não se consegue visualizar, então feche os olhos e imagine algo maravilhoso toda vez que puder. Mas, por enquanto, vamos apenas dar uma olhada no que você está tentando realizar. Você está tentando criar um repertório? Ou uma canção será suficiente? Apenas ver como é ter sua própria canção e poder cantá-la?

Pois uma canção é tudo o que é preciso para se fazer uma conexão. E, na minha opinião, conexão é a mais elevada das aspirações. No modo como vejo, não há valor maior do que esse em qualquer música ou obra de arte. No centro de qualquer ato criativo está um impulso para manifestar nosso poderoso desejo de nos conectarmos – com os outros, com nós mesmos, com o sagrado, com Deus? Todos queremos nos sentir menos sozinhos, e acredito que uma música sendo cantada é uma das imagens mais claras que temos para testemunhar como nós humanos buscamos receptividade e acolhimento com nossa arte.

Tenho certeza de que você também já sentiu isso como ouvinte. Essa acolhida funciona nos dois sentidos. Nós a procuramos na arte que escolhemos, na música que escutamos. Mas como fazer uma canção causar isso? Como ter certeza de que se está fazendo essa conexão acontecer? Penso que, para chegar lá, devemos começar com nós mesmos. E acredito que, para nos conectar conosco, temos de fazer um esforço para nos sintonizar com nossos próprios pensamentos e sentimentos, pelo hábito ou pela prática.

Antes de falecer, meu pai me perguntou: "Quantos anos você tem?" (meu pai nunca foi o pai mais atencioso). Eu lhe disse que tinha 50 anos. Ele disse: "Isso é ótimo. O intervalo entre meus 45 e 55 foi o mais produtivo de toda a minha vida". E eu pensando: "Como ele foi produtivo?". Meu pai trabalhou para a estrada de ferro durante sua carreira inteira. Talvez ele tenha aprimorado a segurança e a produtividade do pátio rodoviário. Talvez tenha reconfigurado os computadores da torre de comando ou algo assim. Ele tinha um monte de conhecimento em eletrônicos. E ele analisou sua carreira como tendo alguma produtividade com a qual ele se sentia conectado.

Contudo, sempre me pego imaginando se ele quis dizer outra coisa. É realmente interessante como a gente reconhece a genética e se vê em nossa família à medida que envelhecemos. Meu pai tinha o impulso de sentar e escrever poesia. Ele ia até o porão de vez em quando, chateado ou bravo com algo. Ele se sentava, escrevia e então voltava, meio bêbado, e lia um poema simplista, extremamente rimado, mas não totalmente vulgar sobre a Alton & Southern Railway, sobre algum vizinho que havia morrido ou sobre qualquer coisa que estivesse remoendo.

Nós não tínhamos muitos livros em casa; mal tínhamos qualquer noção elevada sobre quem éramos enquanto família, e, até onde sei, ter o hábito de leitura era algo semelhante a se exibir. Meu pai e minha mãe tinham largado a escola no ensino médio, mas eu considerava os dois brilhantes – espertos pra caramba, de verdade. Em algum momento, meu pai deve ter percebido que havia coisas que precisava dizer que não faziam muito sentido ou até não soavam direito sem alguma rima. "Hummm... um poema. Aposto que eu poderia escrever um desses." Ele provavelmente os escrevia no trabalho, em sua cabeça. O mais curioso é como ele se deu permissão para fazê-lo. Acho que muitas pessoas criam poemas em suas mentes, mas não se permitem escrevê-los ou compartilhá-los. Tenho certeza de que a cerveja lhe dava alguma confiança – algum impulso e apoio internos que o levaram aos recitais de fim de noite –, mas quando ele se sentava para escrever, logo depois do trabalho, estava sempre sóbrio, surfando uma onda de pura inspiração.

Eu quero ser a pessoa que encoraja mais seres humanos a fazer isso: a ter alguns momentos privados de criatividade, compartilhando ou não os resultados. Deveríamos ter milhares de pessoas defendendo isso. Acho a coisa mais legal do mundo quando alguém rompe seu estrato social, seu "posto" na vida, e se permite um momento pessoal "arte pela arte". Se formos realistas sobre o que um objetivo ou uma meta deva ser, criar algo sem nenhuma ambição além de tirar algo do nosso peito deve ser a coisa mais pura que alguém poderia almejar.

2 A parte mais difícil
Começar

Coloque-se no caminho

Eu amo prazos. Nem todo mundo gosta. Eu adoro, pois eles se encaixam na minha crença de que a arte nunca está realmente completa. Como diz o ditado, "nenhuma obra de arte está realmente finalizada; ela só pode ser abandonada em um momento interessante".

É um pouco cedo para me aprofundar em minhas rotinas particulares, mas, neste momento da minha vida, escrevo com tanta regularidade que receber um prazo (por exemplo, a data exata para entregar um álbum para masterização) é basicamente um alarme de "acabou o tempo" que me permite parar de começar novas canções e passar algum tempo burilando as dignas de um LP. Talvez esse não seja o nível de comprometimento que buscamos aqui, pelo menos não ainda, já que estamos focados em apenas uma canção. De qualquer forma, teremos que desbloquear o que motiva você a iniciar o processo criativo. Saber escrever uma canção não ajudará muito, caso você nunca encontre inspiração ou disciplina para começar.

Acho que aprendi essa lição durante a gravação de *Summerteeth*. Nós havíamos terminado o disco e estávamos felizes com ele, mas os executivos da gravadora literalmente me disseram a coisa mais clichê que alguém poderia imaginar um executivo dizendo: "Não ouvimos nenhum single". Então, eles queriam outra canção: "E essa tem que ser boa!". Vou poupar vocês das deliberações que ocorreram nos bastidores e da minha irritação com tudo isso. Na minha cabeça, cada canção que eu tinha acabado de entregar era uma joia pop de OURO PURO! Mas eu menti e disse: "Cara, eu tenho a canção perfeita". Apesar de ter passado meses gravando um álbum, eu – por algum motivo – esquecera de mencionar o hit absoluto que tinha no bolso. Na verdade, essa canção não existia, é claro, mas achei que seria interessante, já que eles estavam pagando, voar até Los Angeles e fingir que sabia como uma canção pop digna das paradas de sucesso soava. Compus a maior parte de "Can't Stand It" no avião.

Foi a primeira vez que confirmei para mim mesmo que inspiração nem sempre é o primeiro ingrediente de uma canção. Neste caso, foi a demanda. Finalmente encontrei inspiração no processo e até me senti bem em pegar o dinheiro deles para aprender essa lição. Essa canção não entrou nas "paradas", embora os caras da gravadora dissessem que adoraram e que dariam a ela um "grande empurrão". E foi isso. A questão é que, quando digo algo como "a inspiração é superestimada", não é porque acho que você nunca precisa estar inspirado. O que estou tentando te dizer, e o que ainda digo a mim mesmo com frequência, é que a inspiração raramente é o primeiro passo. Quando ela surge do nada, é glorioso; mas ela está muito mais nas suas mãos do que essa imagem de intervenção divina que costumamos ter sobre a inspiração. Na maior parte das vezes, a inspiração precisa ser convidada.

Processo

Para mim, processo é qualquer ato com o qual podemos nos envolver, qualquer passo que podemos dar e qualquer artifício disponível para usar, juntos, e que de maneira confiável resulte em uma obra de arte. "Processo" é também a única designação que conheço para todas as séries de contorções e truques mentais de que dispomos para nos perder em nós mesmos quando criamos. É a porta para o desaparecimento que já defini como meu estado criativo mais desejado: ser capaz de desaparecer o suficiente, por tempo suficiente, para que uma canção apareça. Além de ser o que me ajuda a criar, desaparecer também é a parte mais vital do que faço e é a parte que ecoa por mais tempo antes de um álbum ser lançado.

Conversei com outros compositores sobre esse assunto, e alguns destacaram como isso também pode ser uma parte vital de se apresentar ao vivo. Como é importante chegar a um lugar onde se tem confiança suficiente para impedir que seu ego supervisione cada movimento e esconda sua vulnerabilidade. Quando estou no palco, minha experiência é mais ou menos esta: Nada... êxtase... nada... vislumbre de consciência de que o rock and roll foi alcançado... êxtase... voz do Ego Observador gritando acima dos amplificadores "UAU! VOCÊ TÁ MANDANDO BEM PRA CACETE, CARA!...". *Clang*, acorde errado.

Meu ego faz isso comigo o tempo todo. Ter um ego é isso, em resumo. Ele está lá para te fortalecer e te proteger. Para proteger a ideia de que você é inteligente, bonito e alguém que deve ser levado a sério e nunca ser alvo de debiches. Seu ego quer esconder sua insegurança e seu medo. E é por isso que ele pode ser uma intrusão indesejada quando estamos tentando criar ou nos apresentar. Sua fragilidade humana deve ser pelo menos um pouco visível se você quiser se conectar em um nível emocional – se quiser que as coisas pareçam reais.

É por isso que me entrego ao processo, por isso que emprego regularmente os truques mentais que abordarei mais adiante no livro: os truques que me colocam na frequência mental certa para criar. Assim fica mais fácil ter momentos de verdade e reconhecimento, e tirar meu ego do caminho. Ao tirar meu ego do caminho, consigo me ouvir com alguma objetividade – ouvir a mim mesmo quase como outra pessoa ouviria. Então, se você conseguir se entregar ao processo e se sentir confortável desaparecendo, é provável que consiga colher alguma verdade difícil de encontrar ao longo do caminho, tanto sobre si mesmo quanto sobre o que você está tentando dizer.

Não se preocupe com seu ego. Ele vai ficar bem no banco de trás por um tempo. Confie em mim, ele nunca desaparece por muito tempo. Ele estará lá para ajudar você a decidir o que fazer em todas as ocasiões, para receber crédito pelas partes que as pessoas adoram, para inventar desculpas para as falhas, para decidir qual fonte e tamanho de letra usar no pôster etc. No fim das contas, aprender a desaparecer é a melhor maneira que encontrei para tornar meu verdadeiro eu visível para mim e para os outros.

Inspiração *versus* ofício

Vamos falar mais sobre o que chamamos de "inspiração". Ela é superestimada. Isso já ficou claro, certo? Como você deve saber muito bem, se leu o livro até aqui, acredito que é preciso convidar a inspiração. Descobri que a maioria das pessoas que têm uma vida satisfatória na arte são aquelas que, como eu, trabalham nisso todos os dias e colocam as ferramentas da criação em suas mãos com frequência, que não apenas convidam a inspiração, mas também o fazem regularmente. Em vez de esperar ser "atingidas" pela inspiração, elas se colocam diretamente no caminho dela. Pegue um violão e você terá muito mais chances de escrever uma canção. Pegue um lápis... e por aí vai.

Não tenho dúvida de que, por fazer tanto desse pensamento planejado e metódico, no qual coloco em minhas mãos as ferramentas da inspiração – um violão, um lápis, um computador –, treinei meu subconsciente para estar sempre trabalhando um pouco. Isso ocorre porque já limpei e cultivei esse caminho, mantendo-o aberto e permanecendo receptivo a ele, pela prática.

Mas, além disso, depois que você começa, quanto é inspiração e quanto é técnica? Meu lado artesão entende que, como criador de canções, eu provavelmente poderia encarar essa atividade como se estivesse construindo mesas. Como se estivesse usando um processo padronizado que vai garantir outra canção, bem como o fluxo de canções que me comprometi a entregar. Contudo, pessoalmente, acho que estou onde estou porque aspiro a fazer árvores em vez de mesas. Porque, em minha cabeça, há algo mais elevado sobre essa prática – e porque aceitei o fato de que é impossível criar a árvore perfeita; não há como aperfeiçoá-la. Não há como chegar à conclusão de que você fez a árvore PERFEITA.

De certo modo, é algo muito elevado – colocando você no mesmo nível que Deus. Mas, em outro nível, isso te desobriga de muita coisa. Uma árvore pode ser quase qualquer coisa. Uma árvore é basicamente apenas... eu. Eu sou uma árvore. Eu não me encaixei perfeitamente em nenhum molde. Não fui criado por um conjunto específico de planos. As coisas que aconteceram na minha vida apararam algumas dessas arestas e me transformaram em uma árvore, mudaram minha forma para algo menos previsível, menos inteligível.

O que é importante quando se está começando

Meu desejo sincero é que as pessoas possam se permitir um pouco mais de liberdade para criar em suas próprias vidas. Eu realmente desejo isso para todo mundo. Entendo que há considerações a se fazer sobre o tempo: olham para mim e pensam que eu trabalho muito, talvez porque seja incomum, no que diz respeito à concepção das pessoas sobre um músico de rock, que eu trabalhe em horário comercial. Mas acho que reservar um tempo de dedicação ao estado criativo – especialmente quando vejo quanto tempo as pessoas gastam em seus celulares – é algo que você pode fazer todos os dias. Acho que essa sugestão é valiosa até mesmo para pessoas que têm a mente sobrecarregada de obrigações, com os filhos, com o trabalho, com qualquer outra coisa importante em suas vidas. Mesmo que você só consiga separar cinco minutos: a criação não exige muito. É apenas uma questão de dizer a si mesmo que a sua criação é suficiente, não importa qual seja ela.

3 Obstáculos
O que está te impedindo?

Agora que você é um compositor, teremos que responder a algumas perguntas muito mais difíceis e aprender a nos defender de alguns comentários bem desagradáveis. Não, não me refiro à internet (ainda). Os gritos estão vindo de dentro de casa! Em primeiro lugar, você terá que responder aos interrogatórios implacáveis com que suas dúvidas e inseguranças vão te bombardear diariamente. Como: "Quem você pensa que é?" e "Você está brincando comigo com essa porcaria?!". Todas as coisas que dizemos a nós mesmos para nos boicotar.

Vamos descobrir como lidar com alguns dos clichês típicos do diálogo interno autossabotador. Estou convencido de que não realizamos nossos sonhos mais por falta de permissão do que por qualquer falta de talento ou desejo. E vou enfatizar uma vez mais que, quando digo "permissão", me refiro à permissão que nos negamos ou nos damos para perseguir esses sonhos. Aqui estão alguns exemplos dos grandes obstáculos que acho que muitas vezes colocamos em nosso próprio caminho.

Não tenho tempo

Eu sei o que você está pensando. Como posso ter tempo para escrever uma canção se mal tenho tempo para fazer as coisas que PRECISO fazer? Tenho quase certeza de que esse é um obstáculo para todos os que perseguem um objetivo criativo. É real, o tempo é finito em um dia, eu entendo, mas preciso ser direto com você.

Ninguém faz boas escolhas quando não está ciente de fazê-las. Antes de tudo, vamos examinar como você está gastando seu tempo agora. Acho que a maioria de nós passa o tempo fazendo as coisas que realmente deseja fazer. Então, se você está fazendo algo em seu tempo livre, em vez de escrever uma canção, é porque você realmente não quer escrever uma canção. Não vou te falar nenhuma bobagem motivadora do tipo "sacode a poeira e dá a volta por cima" ou "você pode ser o maior compositor do mundo, só precisa praticar", porque não acredito nisso. Só vou dizer que, se você realmente quer escrever canções, pode encontrar algum tempo para se dedicar a isso e melhorar. E, ao melhorar, é mais provável que você se sinta mais inclinado a gastar seu tempo criando canções.

É uma questão de escolha. E se você admitir que escolheu jogar Candy Crush por 45 minutos seguidos ou ficar horas indo de vídeo em vídeo no YouTube, então, em vez disso, talvez você possa escolher passar algum tempo dedilhando um violão e tentando encontrar uma progressão de acordes que te inspire. Ou passar 45 minutos escrevendo livremente. Cá entre nós, nem é necessário todo esse tempo. Você não tem cinco minutos? Você não tem três? Quanto tempo dura uma canção? Três minutos? Chegaremos em instruções mais detalhadas depois, mas agora apenas pegue um violão e dedilhe por três minutos. Pronto, você basicamente escreveu uma canção. Isso é algo que, honestamente, pode fazer você se sentir melhor. Pegue um violão e se esgoele. Isso vai fazer você se sentir melhor. E vai fazer você sentir que deu o primeiro passo que achou que não conseguiria dar.

Eu preciso te dar a real. Se você acha que quer escrever canções, mas não consegue encontrar tempo para fazer algo tão prazeroso e fascinante como inventar uma canção, então isso é só uma ideia que você quer ter de si mesmo como alguém que escreve músicas, mas encontrou outras coisas que são mais importantes para você. Suponho que existam pessoas que adoram tanto a ideia de si mesmas como algo – compositor, escritor, atleta etc. – que realmente se torturam fazendo algo desagradável para manter sua autoimagem. Mas vou deixar isso de lado por enquanto, pois não consigo entender essa mentalidade. Eu amo escrever canções e imagino que, quando pegou este livro, você estava ao menos curioso para saber o motivo.

Não sei como ou Não farei nada bom de verdade
Nenhuma dessas afirmações é verdadeira. Você não sabe como escrever uma canção? Se nunca tentou, como sabe se consegue ou não escrever uma? Tudo bem, tecnicamente pode ser verdade que você não sabe como, mas a ideia aqui é que não saber como fazer algo é uma péssima desculpa para não tentar. Eu também posso afirmar que, mesmo depois de ter escrito centenas de canções, essa sensação nunca me deixou completamente. Na realidade, uma das razões pelas quais defendo tão fortemente a manutenção de algumas atividades criativas na vida é minha crença de que não saber exatamente como se cria algo como uma música gera uma sensação mágica e incrível que sempre me deixa satisfeito e maravilhado. Não existe um jeito exato de fazer isso – não é como seguir as instruções de um manual para montar um móvel. É apenas uma questão de começar no caminho certo. Então, por enquanto, não vamos nos preocupar tanto com o *como*. O restante deste livro vai fornecer alguns caminhos para você encontrar o seu próprio *como*.

Você acha que não consegue criar nada que se encaixe na definição tradicional de "uma boa canção"? Sem problemas. Tecnicamente isso também pode ser verdade, mas o que é "bom"? Não é um pouco estranho que gostemos de fazer tantas coisas na vida sem esse tipo de julgamento bom *versus* ruim? Você já brincou com uma bola? Já passou pela sua cabeça parar de brincar quando percebeu que é ruim nisso? Acho que é natural que as músicas possam parecer sagradas para nós e suspeito que a importância que algumas delas têm para cada um de nós é a origem de nossa hesitação em cometer o indescritível ato de criar uma canção que não seja boa.

Confie em mim: uma canção "ruim" não vai deixar uma marca permanente em você. Sei que você está pensando agora em todos os casos famosos e específicos (como, digamos, "Friday", de Rebecca Black) em que um artista é associado a uma terrível atrocidade musical. Mas eu gostaria de acentuar que o ato de "escrever" uma canção não deixou nenhuma marca permanente – o dano foi causado pelo compartilhamento e pela promoção desse trabalho hediondo. Além disso, garanto que tenho discos feitos por pessoas piores que você. E são discos de que gosto – coletâneas de poemas cantados, primitivas fitas k7 do início da música industrial! Quase qualquer coisa pode ser uma canção, se for uma canção para você. E quase tudo pode ser um disco, mas isso já é outra história.

Além disso, você acha que todo mundo que escreve canções já nasceu pronto? Que as canções deles eram ótimas? Definitivamente, não é o caso. Você precisa soar mal antes de soar bem, mesmo que já tenha escrito quinhentas canções. Estar disposto a soar mal é um dos conselhos mais importantes que posso te dar. Escrever uma canção vai te ensinar que não há problema em falhar. Mais do que isso: que falhar pode ser algo bom e que você pode aprender a apreciar as dádivas do fracasso. O fracasso é o tipo de dor que você não deve desperdiçar, ao menos enquanto estiver mentalmente no lugar certo. Ele vai te ajudar a lidar com a rejeição em muitas outras áreas da sua vida. A reação que recebi dos executivos da Warner Bros. quando entregamos o disco *Yankee Hotel Foxtrot*, do Wilco, está bem documentada. Enviávamos as mixagens conforme eram finalizadas, e eles odiaram cada uma delas, alegando que cada mixagem era pior que a anterior e, finalmente, nos expulsando do selo – até que outro selo, também da Warner Bros., comprou o álbum.[1] Certo, você conhece essa história. Mas a parte que acho que nunca discuti é como foi libertador perceber que eu podia sobreviver ao pior cenário possível para um artista; ouvir alguém dizer na sua cara: "Você é péssimo!!!".

Que presente incrível. Na minha opinião, nosso álbum começou de um jeito terrível e só foi melhorando, até se tornar algo com o qual eu estava muito satisfeito. E depois que ouvi a versão de que mais gostei, ele soou como algo que eu jamais poderia ter imaginado sem passar pelo processo de soar errado para mim. Em resumo, a experiência oposta que os executivos da Warner Bros. descreveram.

Então, quem estava certo? Não importa. Intelectualmente, todos podemos entender que a arte é algo subjetivo, mas isso não ajuda muito quando nossos sentimentos são feridos. Lembro da primeira vez em que ouvi *Yankee Hotel Foxtrot* depois que eles disseram que o odiaram. Eu estava apreensivo, pois achei que todo aquele discurso tóxico, a

---

1 *Yankee Hotel Foxtrot* é o quarto álbum da banda Wilco, lançado em abril de 2002. Em julho do mesmo ano foi lançado *I Am Trying to Break Your Heart: A Film About Wilco*, documentário dirigido por Sam Jones, que acompanha o processo de gravação desse disco e a recusa por parte da gravadora por se tratar de um material muito diferente do que a banda havia lançado até então. O filme termina com o agente da banda afirmando que o mais incrível do processo todo foi uma das grandes corporações do mundo liberar o Wilco do contrato e permitir que os músicos ficassem com o disco somente para que fosse vendido de volta pelo triplo do valor para a mesma Warner Bros. [N.T.]

controvérsia e minha mágoa em torno do álbum poderiam tê-lo arruinado de alguma maneira. Porém, eu o escutei e nada tinha acontecido com o disco, nem comigo. Na verdade, eu continuava pensando no quanto estava feliz por ele ter se transformado no que se transformou. E, enquanto o escutava, já começava a ouvir novas canções e a me empolgar com as diferentes direções que a banda poderia seguir a partir de onde havíamos chegado. Ao acordar nos dias seguintes, continuei apaixonado por essa coisa que criamos juntos e cheguei à conclusão de que nenhum julgamento – deles ou meu – doeria por muito tempo, desde que eu conseguisse voltar a ouvi-la e a amá-la. E a buscar a próxima canção.

Não sei sobre o que escrever

Isso é algo que escuto bastante e, portanto, já pensei muito a esse respeito. Levo isso muito a sério, pois reflete uma preocupação profunda das pessoas: do que você gosta? Sobre o que conversa com seus amigos? Na minha opinião, o que quer que passe pela sua cabeça é um assunto bom o suficiente para uma canção. Mas vamos voltar à ideia central deste livro. Criar algo a partir do nada é a parte importante. E talvez, como eu, você descubra que muitas vezes é melhor aprender a escrever sem se preocupar muito com o tema sobre o qual está escrevendo. E, por meio desse processo, você descobrirá o que se passa em sua cabeça.

"Jesus, Etc." nunca teve um significado específico para mim até que a cantei ao vivo pela primeira vez e percebi o quão sinceramente ela transmitia o meu desejo de um melhor senso de unidade com meus vizinhos cristãos extremamente devotos. Então, faça alguns exercícios de escrita livre. Escreva sem pensar sobre o que está escrevendo. Tenho certeza de que, em meio a coisas sem sentido, surgirão algumas coisas que vão te surpreender.

Talvez você escreva algo que te lembre uma canção que já ouviu antes, mas que pareça como se você tivesse descoberto um novo jeito de dizer a mesma coisa. Encontrar sua voz é um assunto que aprofundaremos depois, mas, por enquanto, preste atenção em como você se sente ao cantar os versos que escreveu. Se você se sentir um pouco desconfortável, talvez até mesmo um pouco constrangido, está no caminho certo. Esse é o dilema em que todos nos encontramos. Existe um número limitado de coisas que qualquer pessoa pode dizer. Então, em algum momento, seu foco terá de mudar, deixando de se preocupar com "temas", "significado" e com "o que é uma canção".

Se você está duvidando da minha afirmação de que é mais importante escrever com uma voz autêntica do que com um tema interessante em mente, te desafio a escrever algo que não signifique nada para você. Pode ser mais difícil do que você imagina. Acho quase impossível juntar duas palavras e não encontrar ao menos algum significado. Somos condicionados a buscar padrões e identificar mistérios a serem resolvidos muito mais do que somos programados para dizer o que estamos procurando. Recomendo permitir que essa curiosidade natural e nosso cérebro racional, que busca sentido nas coisas, façam o seu trabalho.

Vamos tentar. Acabei de bater os olhos na página aberta de um livro que estava lendo, e as palavras "xarope" e "renascimento" entraram na minha consciência sem nenhum esforço de minha parte. Renascimento do Xarope!

Além de seu potencial como nome de banda, eu diria que, sem suar a camisa, consigo pensar em pelo menos uma dúzia de motivos para essas palavras se unirem em uma ideia.

Caia de cama
No renascimento do xarope
É repugnante
E doce ou adoçante
Vai te tirar do rumo
E até de seu prumo
O evangelho vai colar
De uma vez por todas
No renascimento do xarope

"Muzzle of Bees" [Focinheira de abelhas] é uma expressão que surgiu de uma associação aleatória como essa. Hoje isso me parece estranho, porque tenho uma imagem tão clara sobre o que essas palavras significam para mim que preciso me lembrar de que tenho 90% de certeza de que a inventei e de que não é algo que existia antes de eu escrever essa canção.

Não tenho formação musical ou Não sei como tocar um instrumento

Então você quer escrever uma canção, mas diz para si mesmo: "Não sei nada sobre música". Eu poderia ter dito algo assim sobre mim mesmo, pois definitivamente não estudei teoria musical e não sei ler partituras. Mas tenho bastante confiança na minha habilidade de comunicar música do meu próprio jeito. Para a pessoa que afirma não saber nada sobre música eu diria: "Você já ouviu uma canção e reagiu a ela? Então você entende de música!". Falar que não entende de música é a mesma coisa que dizer que, como você não é bom em gramática, então não consegue falar ou escrever uma palavra. Você julga uma pintura com base na precisão com que o artista consegue nomear todas as cores de sua paleta? Claro que não, isso é ridículo.

Talvez você se sinta relutante em tentar escrever uma canção porque não toca nenhum instrumento. Este é um desafio maior. Mas você deseja tocar um instrumento? Você tem um computador? Se você não toca um instrumento nem tem um computador, sem problemas! Você tem um gravador ou um celular que grava mensagens de voz? Você tem ao menos uma voz? Não tem nada disso? Vamos expandir nossa definição do que é uma "canção". Se uma canção é, de alguma forma, uma memória, vamos criar um momento que você não vai esquecer. Há muitas maneiras de fazer isso – vamos ver se conseguimos encontrar algumas. Você pode encher sua casa de balões antes de sua mulher chegar? Talvez isso seja meio exagerado, algo no estilo da autoajuda de Gwyneth Paltrow e outras estrelas de Hollywood, mas há outra coisa que você faz que pode chamar de canção? O jeito que você atende o telefone quando alguém te liga? Essa é sua marca registrada? Isso é uma canção? Gosto da ideia de nos darmos permissão para derrubar um monte de barreiras intelectuais e prisões retóricas quando pensamos em composição musical.

Por isso me sinto tão confiante em dizer às pessoas que elas podem escrever uma canção. Porque, em grande medida, escrever uma canção é simplesmente a capacidade de ouvi-la. De ouvir algo que aconteceu e reivindicá-lo como seu. Até mesmo coisas que são tecnicamente erros: acordes errados, compassos fora do tempo, harmonias distorcidas... Esse é outro momento em que as pessoas exageram no misticismo. Seria mais estranho se você nunca fizesse sons que lhe agradassem de alguma maneira. Observe uma criança arranhar um violão pela primeira vez: em poucos minutos ela começa a gostar dos sons que está produzindo, sem nenhuma instrução. Ela facilmente começa a criar um som alegre e empolgante, e se diverte com isso. Sei que alguns instrumentos são proibitivamente difíceis de se aprender dessa maneira, como certas flautas de bambu – fazer um som agradável com elas de primeira é quase impossível –, mas com um piano ou um violão, se você se der tempo e estiver disposto a experimentar, vai ouvir algo que queira guardar. Ou algo que te lembre outra coisa. Compositores são apenas pessoas que reivindicaram a autoria dessas coisas – que se deram crédito. Que disseram que inventaram o rock and roll. E você também pode fazer isso. Você acabou de inventar uma canção. Você acabou de inventar música.

Acho que não sou talentoso o suficiente
Todos temos certos dons, mas, se começarmos a compará-los com os de outras pessoas, sempre encontraremos alguém com características mais invejáveis. Os seres humanos têm dificuldade em não fazer isso – comparar-se e medir-se em relação a outras pessoas. E pode ser muito desafiador e frustrante perceber que outros são mais talentosos que nós. Mas é preciso superar isso. Não podemos desistir só porque existe uma Beyoncé no mundo. Não podemos desistir porque fomos assistir à Orquestra Sinfônica de Chicago e percebemos que todos no palco sabem mais sobre música do que jamais saberemos.

Há sempre uma linha tênue entre aptidão e dom. Alguém pode ter certa aptidão e treinar a si mesmo para se tornar praticante de algo. Outros podem ter um dom artístico. E encaro o dom artístico mais como uma questão de comunicação e da habilidade de ser você mesmo do que apenas de ser capaz de executar perfeitamente uma peça musical. Para mim, apresentar-se com um coração autenticamente aberto e a vontade de oferecer o que você tem de mais sincero é o que faz sentido e transcende qualquer perfeição técnica.

4 Tornar a composição um hábito
Esteja do lado da criação

Espero ter te livrado de algumas falácias sobre por que você NÃO PODE ser um compositor. Espero também ter te convencido de que você pode fazer isso de verdade, especialmente se estiver disposto a tornar a composição parte da sua vida. Isso me leva ao valor da repetição e da rotina como parte central de qualquer processo artístico. Esse é um tema sobre o qual me sinto muito confiante em dizer que sou bom. Como eu disse e enfatizei anteriormente neste livro, a inspiração não acontece simplesmente: ela precisa ser convidada, repetidamente, por meio de um trabalho regular e concentrado. Eu posso me levantar e trabalhar escrevendo canções com os melhores compositores que já existiram! Sinto-me sortudo por amar isso tanto quanto amo. Se seu objetivo é escrever canções e transformar isso no seu trabalho diário, não existe nada melhor do que uma boa ética de trabalho. Ser capaz de organizar minha vida em torno desse objetivo primário faz eu me sentir extremamente afortunado. Tenho um lugar – o Loft do Wilco, uma combinação de espaço de ensaio e estúdio de gravação em Chicago, a alguns quilômetros da minha casa – aonde posso ir todos os dias para compor e gravar. Tento não me enganar achando que sempre terei esse luxo, então me esforço para manter os hábitos diários de escrita que não necessitam dele. Por exemplo, praticando um pouco de escrita livre todas as manhãs – muitas vezes antes mesmo de sair da cama –, algo que abordarei com mais detalhes mais adiante no livro.

Quando penso na evolução do meu processo de composição, percebo que agora consigo me adaptar melhor ao ambiente em que estou. Antes eu precisava que o ambiente fosse muito simplificado, quase num nível patológico, principalmente quando escrevia letras. As coisas precisavam estar organizadas ou simétricas em minha mesa. Parecia que o jeito de organizar minha mente era ter um espaço controlado, garantir que tudo o que estivesse no meu campo de visão parecesse arrumado. Não tanto com a escrita de música, mas com a escrita de letras, que parece exigir uma frequência mental mais específica. Agora aprendi a ser mais flexível quanto a isso.

Mas estou me adiantando. Ainda estamos falando de você! Acho que uma ótima maneira de começar é desenvolver uma rotina, criar uma estrutura que você queira transformar em hábito. É muito mais fácil se você disser: "Vou escrever canções de manhã, antes de ir para o trabalho" ou "Vou fazer isso assim que chegar em casa e vou me recompensar com o jantar ou uma cerveja depois de passar meia hora escrevendo canções". Acho que usar um caderno, um bloco de notas ou um gravador (que a maioria das pessoas tem no celular) é um hábito que você já pode começar a cultivar desde já. Conheço muitos compositores bem-sucedidos que têm esse hábito. Definitivamente sou um deles. Não pense que suas ideias são tão geniais que você vai se lembrar delas. Eu anoto ou registro no meu celular tudo o que passa pela minha cabeça e que penso ter potencial, algo que chame a minha atenção de alguma forma. Gravo até mesmo sons que ouço enquanto ando por aí e que me lembram algo musical. Apenas penso: "Quero ouvir isso de novo", mesmo sem saber exatamente a razão.

Quando retorno às minhas gravações, escuto vários trechos de músicas ao violão. E lá estão também alguns cantos estranhos de pássaros da Austrália, e ambos parecem parte de mim. Gravei os pássaros, mas tomei a decisão consciente de fazer isso. EU inventei aquilo. O ato de fazer isso me parece tão criativo quanto tocar algo no violão. Ele reitera minha busca por beleza e inspiração. Esqueço coisas assim que fiz, e depois elas me surpreendem: às vezes, até se transformam em músicas.

É trabalho duro, mas não deveria ser um sofrimento

Alguns artistas sofrem, não há como negar. Mas também acredito que uma grande mentira foi vendida ao público devido à frequência com que essa história é contada, em contraste com as vezes em que a arte acontece sem essa luta externa – e, ainda mais frequentemente, apesar dos desafios pessoais do artista. Acho que é mais fácil escrever sobre um artista se colocamos um pouco de magia no processo. É difícil explicar a arte. E, quanto maior a dificuldade de compreendê-la, mais complicado é compartilhar nossas impressões de maneira coerente e esclarecedora. Essa é, ao menos em parte, a razão pela qual o artista acaba se tornando a história, em vez da própria arte. E é uma história bem chata, a menos que inclua alguma doença mental, dependência de drogas, privação ou desvio moral. Assim, os inúmeros artistas equilibrados, que simplesmente abaixam a cabeça e trabalham continuamente, tendem a não ser tão resenhados, a não ser que algum tipo de dificuldade seja destacado. E é possível que a criação isenta de tormentos seja vista com certo grau de ceticismo, simplesmente porque a história de sua origem parece menos interessante.

Esse foi um grande obstáculo para mim conforme eu me tornava sóbrio – escrevi muito sobre isso em meu primeiro livro.² Por mais que eu desprezasse a imagem do astro de rock destruído pelas drogas, parte de mim ainda acreditava nesse mito da criação, nessa ideia de que é preciso sofrer. E então percebi que todos sofrem. Logo, qualquer pessoa que cria arte pode, se preferir, focar em seu sofrimento e dizer que é a origem de sua arte.

Todos sofrem com a mesma intensidade? Provavelmente não, mas só entendemos o nosso próprio sofrimento através de nossos próprios olhos. Por isso, considero suficiente o fato de todos sofrerem. Se apenas grandes sofrimentos criassem uma arte grandiosa, acho que teríamos muito mais arte desse tipo, infelizmente. Eu também argumentaria que é muito raro alguém que está realmente debilitado conseguir criar algo – sem mencionar o tanto de arte que não está sendo feita pelos artistas que perdemos para doenças e tristezas.

Para mim, e para a maioria dos compositores que conheço, escrever canções é um trabalho árduo. Contudo, não acho que trabalho árduo seja um sofrimento: essa é a diferença. Trabalhar duro é uma ocupação nobre. Não sei o que existe além de trabalho. Também falo um pouco sobre isso em meu primeiro livro, sobre essa ideia de que estar em uma banda de rock era algo bom para quem não queria trabalhar ou ter um emprego de verdade. No entanto, todas as bandas de rock que você conhece são as que trabalharam mais duro. Sei que existem áreas da indústria musical em que algumas bandas foram lesadas, em que não havia pagamento uniforme para quem trabalhou mais. No entanto, é bem improvável que você tenha ouvido falar de pessoas que nunca trabalharam. Sempre que vejo alguém como Beyoncé

---

2 Trata-se da autobiografia do autor, *Let's Go (So We Can Get Back): A Memoir of Recording and Discording with Wilco, etc.*, publicada no Brasil pela Editora Terreno Estranho, em 2019, com o título *Vamos nessa (para podermos voltar): Memórias de discos e discórdias com o Wilco, etc.* [N.T.]

penso: "Ela está trabalhando mais do que qualquer pessoa no mundo".

Acho que há muito trabalho destruidor de almas e muitas circunstâncias infelizes em que as pessoas estão presas a algo de que não conseguem escapar, porque é a única maneira de sustentar sua família. Na minha opinião, isso deve servir de inspiração para trabalhar ainda mais duro no que você ama fazer. Se você tem a oportunidade de fazer algo que ama, faz parte de uma pequena minoria entre os bilhões de humanos que já passaram pelo planeta. Para mim, isso significa que você deve cultivar e proteger o que ama e fazer tudo o que puder para garantir que isso não seja corrompido, que não seja tirado de você ou transformado em algo menos gratificante. Proteja sua inspiração, proteja sua capacidade de se inspirar.

5 Trabalho diário
Prática regular

Tenho tentado incentivar você a adotar uma ética de trabalho diário, então agora vou compartilhar a minha em detalhes. Na próxima parte do livro, apresentarei exercícios específicos que trarão benefícios com o uso repetido e a prática regular. Isso pode parecer excessivamente estruturado para algumas pessoas, mas, pessoalmente, adoro trabalhar dessa maneira. Gosto da rotina e de como ela me permite desaparecer no processo o suficiente para me surpreender com algo que escrevi. E acredito que, se eu prestar atenção, as coisas que acontecem aparentemente ao acaso são quase sempre mais interessantes do que as ideias com as quais começo.

Aqui estão os três principais itens que tenho na minha lista mental de tarefas diárias. Vale ressaltar que todos eles são ferramentas que uso para escrever muitas canções ao longo do tempo, mas funcionam igualmente bem caso seu objetivo seja escrever apenas uma canção.

1. **Acumular palavras, linguagem e letras**: fazer exercícios como a escrita livre, composição de poemas, refinamento e revisão, que serão abordados na próxima parte.

2. **Acumular música, canções e partes de canções**: gravar demos, praticar, aprender canções de outras pessoas e compor partes para canções em andamento.

3. **Combinar letra e música**: escrever letras para uma melodia e buscar combinações entre demos acumuladas e conjuntos líricos, poemas e escrita livre.

Na maioria dos dias, consigo completar os três itens, pelo menos até certo ponto, sem muito esforço. Mas geralmente fico satisfeito e com a sensação de que mantive minha ética de trabalho mesmo quando consigo riscar apenas um item da lista. Não é necessário muito: se você mantiver essa rotina por algum tempo, acumulará bastante material para canções, mesmo que só consiga dedicar a isso de cinco a dez minutos por dia.

Aqui está uma visão geral de um dia de escrita idealmente produtivo. Você pode notar a ausência de "tempo com a família" ou de outros tipos de atividades normais. Ainda que eu tolere o chamado "tempo com a família", a triste verdade é que ele é, na realidade, "um tempo que não vai rolar" quando se trata de meu processo de criação, e o tempo que passo com minha amada família produz muito pouco em termos de material puro para composição. Sinta-se à vontade para ter uma vida, mas não reclame comigo quando levar um mês para terminar sua primeira canção. Brincadeeeeeira! Este "cronograma" é apenas um esboço idealizado de como seria um dia perfeito de criação ininterrupta. Não tenho certeza se já consegui cumprir todas essas tarefas em um período de 24 horas... Provavelmente sim, mas sou louco por esse tipo de coisa. O ponto é: sua família obviamente é mais importante do que qualquer outra coisa e, ao contrário do que acabei de dizer, passar tempo com ela é viver sua vida, o que é muito melhor do que *escrever* sobre sua vida. Além disso, viver sua vida te dará material para composição. Se você quer ser compositor, terá que encontrar um equilíbrio. Esse planejamento diário retrata o que eu talvez faria em um dia completamente livre, depois de ter vivido minha vida intensamente o suficiente para merecê-lo.

20h-22h

Tudo bem, sei que esse não é o horário em que a maioria das pessoas começa o dia, mas venha comigo. É nesse momento que gosto de escutar gravações que fiz de ideias simples ao violão, bem como de progressões de acordes e/ou melodias que murmurei para meu celular até encontrar algo interessante para começar a tocar. Às vezes, pode levar um tempo até eu reaprender minhas próprias canções, mas, ao longo dos anos, melhorei em manter um registro das afinações que estou usando e das posições do capotraste. Ainda assim, há algumas canções antigas que nunca consegui registrar; canções que nunca serão terminadas... *suspiro*. E não é porque eu estava tocando como Segovia naquele dia e seja algo muito avançado para se reaprender, e sim porque fui um idiota preguiçoso e não me preocupei em anotar a louca afinação diferentona que inventei. Lição aprendida.

Assim que pego o jeito de tocar algo, toco repetidamente até começar a ter uma noção do formato geral daquilo que parece querer se tornar uma canção completa. Mas, nessa fase inicial, o que mais quero é um verso bom e forte e um refrão igualmente forte. Pontes – aquelas seções musicais curtas que "fazem a ponte" entre outras seções mais independentes das canções – geralmente servem como uma pausa antes de retornar à repetição da melodia principal de uma canção. Às vezes, são chamadas de transições. Você sabe o que são, mesmo que não saiba o nome delas. Pense na parte "When I'm home..." de "A Hard Day's Night" dos Beatles. Nesse momento, enquanto a melodia está fresca em minha mente, começo a procurar ideias de letra que combinem com a música, seja em minha pilha de letras e poemas ou fazendo um dos exercícios voltados para melodia da Parte III deste livro. Esse é um dos estágios mais empolgantes e satisfatórios da criação de uma canção. Sempre me surpreendo quando algo salta da página e se encaixa perfeitamente na melodia. Toda vez que isso acontece, parece um pequeno milagre.

22h-meia-noite

Paro um pouco. Fico um pouco com a família. Faço minhas palavras cruzadas – sim, sou um *nerd* viciado em palavras cruzadas, mas isso com certeza é muito melhor do que quando eu era um viciado *viciado*.

Meia-noite até?
(geralmente por volta das 3 da manhã)

Geralmente, eu separo esse tempo, logo antes de dormir, para me concentrar em ajustar as letras o suficiente para gravar pelo menos um verso e um refrão no meu celular. Se estiver realmente avançando, posso escrever cerca de meia dúzia de versos enquanto mantenho a métrica/cadência e o esquema de rima fixos.

Por que faço isso? Porque acredito que precisamos nos colocar, conscientemente, no caminho do subconsciente. Confiar que nele há coisas que podemos alcançar. Mas nosso ego está trabalhando contra nós; ele não confia em nosso subconsciente para inventar algo tão inteligente quanto pensamos que somos. Carregamos dentro de nós um monte de coisas que nem sempre sabemos como acessar, mas elas estão lá, guardadas. Drogas e álcool são vistos como bons para a escrita e a criatividade porque parecem relaxar nossas inibições, tanto para acessar nosso subconsciente quanto para retornar dele. Pessoalmente, depois que parei de usar drogas, muitas vezes pensei, preocupado, que a conexão que eu tinha com meu subconsciente estivesse relacionada ao uso e que tentar acessar isso sóbrio poderia despertar o desejo de usá-las novamente. Às vezes, eu até tinha medo de nunca mais conseguir voltar à minha mente racional se me entregasse completamente aos devaneios das canções sem deixar meu ego tomar todas as decisões. Tendo feito as pazes com minha voz interior, que eu ainda estava aprendendo a usar em meu esforço de permanecer sóbrio, descobri que abrir mão do meu ego acabou sendo mais desorientador do que tinha sido no passado. Na realidade, essas preocupações eram totalmente infundadas. As drogas podem ajudar a expandir sua consciência, permitindo a exploração das camadas mais profundas de conexões e associações que todos temos com o mundo, mas um maçarico também pode acender um cigarro, e, para acessar o subconsciente, eu recomendaria usar algo mais razoável e, ouso dizer, mais seguro.

No fim das contas, a boa notícia é que você realmente pode desenvolver habilidades, hábitos e atividades que acalmem sua mente e permitam que as coisas fluam mais facilmente para você. Caminhar geralmente ajuda a desfazer os nós do meu pensamento, e sempre recomendo um passeio tranquilo ou até mesmo uma volta rápida no quarteirão para aliviar qualquer tipo de estresse mental. Quer estejamos empacados em uma canção ou na vida em geral, é sempre um recurso de que podemos dispor quando precisamos de algo para clarear nossos pensamentos. Esse é apenas um conselho geral, não necessariamente recomendado para essa hora da noite. Na realidade, eu gostaria de te desencorajar ativamente a caminhar de madrugada; não sei como esse conselho veio parar aqui. Em resumo: caminhar = bom. Caminhar na calada da noite = recomendo cautela.

O ideal para esse intervalo de tempo é trabalhar nas canções para mantê-las na mente logo antes de dormir e, novamente, assim que acordar pela manhã. Acho que faço boa parte do meu melhor trabalho enquanto estou dormindo. Muitas vezes, acordo com o último quebra-cabeças musical que estava tentando resolver completamente solucionado. Sem brincadeira! Experimente! Já acordei até com um conjunto de versos quase completo para uma melodia que eu estava cantando antes de adormecer.

Às vezes, ainda antes de sair da cama pela manhã, escrevo letras no meu celular, quase como se estivesse transcrevendo um ditado do meu cérebro ainda meio adormecido, mais gentil e temporariamente menos crítico. Dormir tem o poder de desfazer os pensamentos mais complicados. Você só precisa ser bom em adormecer quando sua mente ainda está um pouco ativa e engajada, o que pode ser um problema para algumas pessoas, admito. Por sorte, dormir sempre foi uma área em que me sobressaí. Sempre consegui "desligar o interruptor" e adormecer assim que encosto a cabeça no travesseiro. Na verdade, minha mulher fica louca com a facilidade com que consigo me transformar de alguém conversando com ela em alguém adormecido como um cadáver. Talvez você não tenha a mesma sorte, mas deve haver um momento entre desligar os pensamentos ativos e as atividades do dia e relaxar um pouco à noite. Encontre sua própria versão desse intervalo. Apenas tente se concentrar em sua canção com alguma intenção nos momentos que tiver antes de desligar. Esse truque também funciona muito bem para aprender passagens musicais difíceis. Costumo praticar alguma parte do violão com que estou tendo dificuldade logo antes de me deitar, e é quase mágico como ela se torna mais fácil de tocar na manhã seguinte.

7h–9h

Esta é a parte em que tudo se torna um pouco místico. Mas acontece com tanta regularidade que acredito ser algo que descobri sem querer, mas que deve ter alguma base científica. Considero a facilidade com que a escrita flui de mim pela manhã – tanto o que estava trabalhando na noite anterior quanto letras e músicas totalmente novas – como parte de um processo que tem alguma razão natural, se não divina (se essa for a palavra certa), para funcionar tão bem nesse horário específico. É claro que tudo isso vem com a mesma ressalva de qualquer outra etapa do processo de composição: nem sempre é incrível. Não estou prometendo que esse método vai transformar todo letrista em Leonard Cohen. Mas adoro o quanto minhas associações se tornam mais livres quando combino meu estado semiadormecido com os ritmos e melodias que dançaram nos meus sonhos a noite inteira.

9h–11h
Soneca. Tudo bem, sei que estou numa posição incrivelmente única e que nem todo mundo vai adotar um cronograma de sono polifásico a serviço da composição somente porque eu recomendei. No entanto, aqui estamos, e estou apenas tentando ser honesto sobre como seria meu dia ideal de escrita. Além disso, sou um grande defensor dos cochilos em geral. E é preciso lembrar que passei a maior parte da minha vida em turnê com uma banda de rock, com uma grande equipe e ônibus, e a realidade desse estilo de vida é que você só precisa estar acordado cerca de três horas a cada vinte e quatro – e mesmo isso pode ser opcional, dependendo de quantos shows fará em sequência.

11h–meio-dia
Eu geralmente uso esse período para praticar um pouco de escrita livre, fazer algum exercício com palavras ou dar uma olhada no que escrevi às 7 da manhã. Ou, caso esteja planejando trabalhar em alguma canção naquele dia no estúdio, tento deixá-la num formato próximo da versão final para começar a gravar.

Meio-dia–18h
Costumo passar esse tempo no estúdio. Novamente, entendo que isso é um luxo, e não quero que você pense que dou

isso como garantido. Meu sonho de vida sempre foi ter um lugar onde pudesse me cercar do meu equipamento musical e mergulhar na composição sempre que me sentisse inclinado, seja de dia ou de noite. Ao longo dos anos, quase toda a minha energia e meus recursos foram direcionados para construir esse sonho, e agora gasto quase a mesma energia para mantê-lo. Sei que, se não fosse por algum louco acaso cósmico, simplesmente não seria viável ter o Loft, que tem me ajudado a ser tão produtivo ao longo dos anos. Mas todos precisam de um espaço para trabalhar, e mesmo que o seu não se pareça com o meu, encontrar um ambiente que te faça se sentir bem e que coloque sua mente em um estado aberto e receptivo é definitivamente uma das coisas mais importantes que você pode fazer por si mesmo – independentemente do tipo de criador que você é.

18h-20h

Sei que não pareço estar no auge da minha forma física, mas até que estou. Minha condição cardiovascular é ótima. Corri durante anos até que minha natureza dada ao vício resultou em duas canelas fraturadas. Por um tempo eu nadava diariamente, mas isso acabou se tornando um enorme problema na estrada. A solução foi a bicicleta ergométrica. Obrigado por perguntar. Não estou contando vantagem sem motivo, aliás. Tudo faz parte de um quadro maior para mim. Exercício físico é imprescindível para minha saúde mental e tem sido uma parte essencial da minha rotina criativa. Sem contar o quanto me ajuda como cantor. No mínimo, fazer longas caminhadas regularmente é um hábito revigorante bem conhecido e confiável que escritores de todos os tipos têm recomendado, provavelmente desde a época em que ser escritor se tornou algo que alguém pode ser. Deve ter algo a ver com deixar seu corpo ocupado e tirá-lo do caminho da sua mente.

Imagino também que o movimento físico dificulte manter a percepção de estar emperrado psicologicamente. Então, sim, dê uma caminhada. Se você quer escrever uma canção, saia para caminhar.

6 O que você consegue no final
Processo *versus* objetivo

Por fim, agora que discutimos o restante – por que você quer escrever uma canção, o que te impede de escrevê-la – e começamos a falar sobre o processo e os benefícios de uma rotina diária, vamos tratar da ideia de um objetivo final. O que exatamente você gostaria de alcançar? Se você comprou este livro, imagino que já saiba qual é sua principal meta: escrever uma canção e, depois dela, idealmente mais canções.

Não nos esqueçamos, contudo, de que, embora seja importante nos concentrar nos objetivos que desejamos conquistar, acho que, no caso da composição, estar no "processo" tem que ser pelo menos *um* desses objetivos, senão o único. Para mim, pessoalmente, a própria escrita se tornou o objetivo principal. Meu maior desejo é estar completamente envolvido com uma canção em que estou trabalhando.

Sim, eu ainda tenho objetivos e desejos. Quero terminar discos e conseguir criar canções para poder tocá-las para o público, mas o sentimento que tenho quando escrevo – a percepção de que o tempo está simultaneamente se expandindo e desaparecendo, de que estou sendo mais eu e também mais livre de mim – é a principal razão que me levou a colocar minhas ideias sobre composição em um livro, para compartilhar com todos que se interessarem. Na verdade, quando se trata de composição ou de qualquer outro esforço criativo, é preciso estar sempre a caminho e não apenas chegando lá. Gostaria de focar mais nesse aspecto e compartilhar o que considero a única parte verdadeiramente compartilhável do processo de fazer música: o que a composição em si realiza, e não apenas o que uma canção finalizada alcança. Embora eu não me surpreenda se você acabar conseguindo ambos.

Não há problema em falhar
Canções finalizadas nem sempre serão o que se espera delas. Você vai falhar. Muito. No fim das contas, aprender a escrever canções é, em grande parte, ensinar a si mesmo que não há problema em falhar. Mas também é procurar, encontrar e compartilhar alguma verdade. É isso que procuro na música de todos, em todos os gêneros: ter a verdade exposta. Uma verdade sempre surge da arte. Acho que a comédia encontra isso e que a composição também encontra. Acredito que toda arte trata da verdade, que é quase sempre invisível na maior parte do tempo, quando estamos menos conscientes, presos na monotonia de nossas vidas cotidianas, até que a arte nos invada e nos aponte essa verdade.

Às vezes, penso nisso como a fruta madura ao alcance da mão, ainda que a comparação não seja perfeita: é algo pelo qual as pessoas passam o tempo todo, algo tão assimilado ao nosso ambiente que se tornou invisível, algo tão óbvio que ninguém mais vê, até alguém descobrir como dizer ou como ver, e então os demais exclamam: "Mas é claro! Por que eu não disse isso antes? É isso mesmo. Eu sempre soube disso" ou então "É exatamente como me sinto". É como Bill Callahan canta "Well, I can tell you about the river/ Or we could just get in" ["Bem, eu posso te contar sobre o rio/ Ou nós simplesmente podemos entrar nele"].

E, por mais que eu diga que é preciso estar disposto e ansioso para falhar, também acho que não há problema em querer ser ótimo. Não me envergonho de dizer que quero escrever a melhor canção do mundo. Quero escrever uma canção que faça alguém dizer: "Esta é minha música favorita de todos os tempos". As pessoas geralmente dizem isso e estão falando sério na hora, mas quero que elas digam isso e que estejam sendo sinceras em relação à minha canção. Dito isso, a maior parte do tempo que passo criando não é ativamente na busca de escrever a melhor canção do mundo. Estou mais focado em apenas ficar muito satisfeito com a ideia de que não estou machucando ninguém. É um processo e, o que quer que aconteça, está ótimo. Saio de meu estado criativo em certos momentos para contemplar o que criei e encontrar trechos bons o suficiente para me fazer pensar "Isso é realmente bom. Eu deveria compartilhar isso". Mas, se estou no estado de espírito certo durante todo o processo criativo, não paro muito para pensar: "Isso é bom ou ruim?". Só me sinto muito feliz pelo fato de ter criado algo. E não me sinto tão mal em relação às outras coisas. Não me sinto como se estivesse alto ou *excessivamente* alegre. É mais um sentimento como "não estou desperdiçando meu tempo".

O que você ganha com isso?
Vamos supor que você acabou de escrever uma canção. Segundos atrás. Você acabou de colocar o violão de lado. O que você pode esperar ganhar com isso? Essa é uma pergunta incrivelmente rica para quem tem tendência a filosofar. Parte de mim quer dizer "não muito", e a outra parte diz "tudo!". E mantenho essas duas opiniões com a mesma força. Mas elas não estão respondendo exatamente à mesma pergunta, estão? No primeiro caso, eu diria "não muito", porque a premissa básica deste livro é ajudar você a encontrar um processo e uma inclinação para se entregar a esse processo o suficiente para compor uma canção – ou seja, depois de terminar a primeira, é claro. E eu chamaria isso de "ir" e não de "chegar lá". O que você ou o mundo fazem com a canção é algo pequeno quando comparado com a alegria de que falei muitas vezes

até agora – a alegria de desaparecer o suficiente para encontrar algo que você não sabia que tinha dentro de você.

Eu realmente acredito nisso. Para mim, é algo que faço e que já se tornou um hábito, algo que tem me confortado de maneira consistente em minha vida, tanto que preciso me forçar a parar de vez em quando. Caso contrário, eu nunca daria os passos finais necessários – arranjo e gravação – para "vestir" minhas canções para enviá-las ao mundo. Eu teria apenas centenas de canções bebês seminuas, todas querendo atenção. Contudo, às vezes, uma canção é "tudo", e eu quero que você tenha isso também. Às vezes, damos sorte e conseguimos alcançar algo que nenhuma outra forma de arte pode alcançar. Acho que isso tem mais a ver com a melodia, mas poderia ser qualquer outro elemento de uma música que se encaixa perfeitamente. E então a canção se torna um lugar. Onde ela realmente é tudo. Seu próprio universo. O único lugar onde se pode ir para sentir o que essa canção faz sentir. Não posso dizer que acontece com frequência, e não posso garantir que você vai chegar lá, mas é uma sensação grandiosa demais para fingir que não é algo com que você deve sonhar. Talvez você consiga criar um lugar que faça alguém se sentir que está flutuando, sem gravidade, dentro de um pequeno violão, do jeito que "Pink Moon" de Nick Drake me faz sentir. Ou talvez você consiga mapear uma região inexplorada do jeito que Missy Elliott faz em "Get Ur Freak On".

É claro, estaria mentindo se não mencionasse que uma parte de mim deseja reconhecimento. Que quer ser uma "lenda" ou quer ser respeitado e reverenciado pelo que faz. Imagino que todos se sintam um pouco assim, acho que é bastante natural.

Pessoalmente, tive a sorte de ter superado as expectativas de meu imaginário sobre ser famoso logo no primeiro ano em que gravei um disco. As pessoas que eu imaginava andavam em vans e tocavam em clubes de punk rock. De repente, pensei: "Ei, acho que vamos tocar em teatros agora". E isso se tornou um desafio interessante: "Eu pertenço a este lugar? Consigo ser bom o suficiente para estar neste palco sem passar vergonha?". Eu realmente acredito – e é aqui que a coisa fica meio delicada – que, se você realmente está expondo o seu ser ao fazer música e está absorvendo e aproveitando isso, *então* o mundo começa a ouvir o que você está fazendo e responde a isso... E não posso deixar de dizer que esse é o melhor jeito de explorar seu dom, deixando o trabalho vir primeiro.

Isso não significa que você não deva querer reconhecimento, e, admito, também quero isso. Sei que inúmeras pessoas neste mundo não fazem ideia de quem eu sou. E se eu estivesse realmente obcecado com essa ideia, provavelmente poderia fazer coisas para obter mais fama, mas acho que seria menos feliz. Quando a fama passa a ser o principal objetivo, muitas coisas se tornam mais importantes do que a música, e isso nunca acaba. É como pessoas ricas que têm iates – assim que você compra o maior iate já construído, aparece alguém com um ainda maior.

Não estou tentando escrever um livro de autoajuda, mais eis o que quero dizer: ao escrever músicas, encontrei algo que me torna uma pessoa enormemente mais feliz, muito mais capaz de lidar com o mundo. Será que isso pode ser transferido para qualquer pessoa, independentemente do nível de talento ou de seu dom individual para a criatividade? Eu acredito que sim, e espero já ter convencido você disso.

Faça por amor

É isso o que desejo transmitir, mais do que qualquer outra coisa, antes de passarmos para a parte técnica de escrever uma canção. Mas é preciso parar de pensar que vai criar algo grandioso ou algo capaz de torná-lo famoso. Você precisa parar de pensar em qualquer coisa além do que acontecia quando era criança e se deitava no chão para desenhar. E você se perdia naquele desenho e, no final, amava aquele desenho porque tinha sido feito por você. E o desenho era colocado na porta da geladeira, independentemente do quão bom ele era, pois sua mãe te amava e todos ali te amavam. Por que você não pode ser gentil assim consigo mesmo?

Ou talvez sua mãe não tenha gostado do seu desenho e tenha lhe dito isso. As pessoas vão te julgar em algum momento, e você também fará o mesmo. Mas ainda assim vai valer a pena: colocar o giz de cera em sua mão, a caneta em sua mão ou o violão em sua mão. Existe um valor enorme nisso, um valor muito maior do que qualquer crítica que se possa receber.

Este é um dos problemas do ser humano: nós podemos ser convencidos a deixar de amar algo. Podemos ser convencidos a deixar de amar algo que fazemos e podemos ser convencidos a deixar de amar a nós mesmos. E, infelizmente, sem grande esforço. Por vezes os pais, por temerem o que o mundo fará, preferem preparar seus filhos de seu próprio jeito para um mundo que não se importa e não os ama, ou não ama o que eles fazem. E isso está errado, talvez o mundo faça isso, talvez não. Você não deveria fazer isso com seus filhos.

Acho que podemos enxergar todo mundo como uma criança, mas nem todos conseguem se conectar com isso. E talvez parte disso tenha algo a ver com alguma disfunção, algum tipo de trauma vivido em determinada fase da vida, que em alguma medida reprimiu o crescimento emocional, levando a pessoa a se apegar a esse período da vida e a considerá-lo mais reconfortante.

Estamos falando dessa ideia de que os talentos são raros, de que nem todo mundo tem talento. Não sei se isso é verdade e gostaria de acreditar que não é. Quero acreditar que todos, se tivessem a chance de perseguir seus sonhos e paixões, teriam um talento para algo. Talvez um talento para fazer alguém se sentir melhor. Parece-me que todo ser humano deve ser bom em alguma coisa.

Eu demorei para amadurecer em muitos aspectos. Não era um violonista virtuoso. Não era um grande cantor. Não era bom na escola, porque não tinha foco. Mas eu era obcecado por música. Sou muito grato por ter conseguido manter aquela paixão infantil que eu tinha pela música. Adoro sentir isso. Adoro sentir que preciso melhorar ainda mais. Mas também sei que sou bom nisso e me sinto grato pela oportunidade de fazer o que faço.

Sei que sou privilegiado: não é mais difícil para mim, e não me preocupo com isso como antes. Sento-me e simplesmente sei que algo vai surgir e que isso não vai machucar ninguém. E, na maioria das vezes, penso: "Caramba! De onde saiu isso?". Mas sei de onde saiu e sei que ainda sou eu. Sinto uma quantidade quase vergonhosa de gratidão. Às vezes, é difícil falar sobre isso, porque acho que pode afastar as pessoas, a imensa gratidão que sinto por tudo. E é justamente isso que quero compartilhar com você, e como espero que você se sinta depois de terminar de ler este livro e escrever sua canção.

PARTE II

7 Comece a escrever
A música das palavras

Certo, está na hora de começar a sua canção, aquela da qual estamos falando, teoricamente, há mais de sessenta páginas. Nesta parte do livro, já neste capítulo, você realmente vai começar a escrevê-la.

Lembra das três coisas que faço todo dia quando estou compondo? Vamos abordar cada uma delas em ordem – mesmo que você não siga uma ordem específica, porque a composição nem sempre é linear. Mas vamos começar a escrever de maneira linear, concentrando nossa atenção na música das palavras e criando ao menos fragmentos de letras que tenham uma conexão básica com melodias.

Por que palavras? Porque acredito que todas as palavras têm sua própria música. E, junto com essa música, acredito que as palavras contêm mundos de palavras e significados que, na maioria das vezes, estão trancados sob a superfície. Poesia é o que acontece quando as palavras são abertas e aqueles mundos internos se tornam visíveis e a música por trás das palavras é ouvida. E as canções fazem isso também, só que numa ordem diferente.

Na minha concepção, canções e poemas existem por razões muito parecidas. Acho que, durante um longo período da existência humana, eles foram a mesma coisa, usados para lembrar a história, eventos importantes e também pessoas. Acredito que a poesia surgiu porque as pessoas precisavam dela – se fosse fácil registrar e documentar as coisas sem poesia, não precisaríamos dela. Mas, por alguma razão, precisamos. E acho que, pelo menos em parte, por nos faltarem os recursos adequados para registrar as coisas naquela época e por sabermos da falibilidade de nossas memórias, acabamos criando mnemônicos tonais. Algumas línguas até evoluíram para se tornarem tonais. Com que frequência você ainda canta o alfabeto para si mesmo quando precisa colocar algo em ordem alfabética? Não precisa ter vergonha! Eu nunca consigo me lembrar de minhas próprias letras sem cantá-las em voz alta e, mesmo assim, tenho dificuldades se não tiver um violão em mãos para me guiar pelas veredas melódicas da minha memória.

Não sou linguista, nem muito versado nesse assunto, mas faz todo o sentido para mim que as palavras retenham algum núcleo primordial de música. Às vezes, é mais evidente ao colocar uma palavra do lado de outra, mas acho que a música dentro das palavras existe de alguma maneira, quer estejamos atentos a ela ou não. E isso nos leva ao ponto de partida. Vamos começar a treinar nosso ouvido para escutar as palavras como os blocos de construção básicos das canções.

O que vem primeiro?

Quando se é compositor, a pergunta que mais fazem é: "O que vem primeiro, a música ou a letra?". Começar por aqui – com as palavras sendo sons e música, mas ainda sem necessariamente pensar no significado – é o melhor jeito de explicar que a resposta que sempre dou, "as duas ou nenhuma", não pretende ser evasiva nem condescendente. É realmente como tento abordar a criação das minhas canções. É um processo que amo. Então, nesta parte do livro, vamos explorar alguns dos truques e exercícios que uso para deixar meu cérebro egóico e obcecado por significados fora do controle por um instante. Vamos permitir que as palavras sejam musicais e atômicas e começar a movê-las por aí um pouco. Espero que esses exercícios e truques possam ajudar a tornar as palavras musicais o suficiente para que você ouça algo surpreendente ou veja uma palavra de uma maneira nova e inesperada. E acho que tudo isso é composição, tudo isso é poesia. E tudo isso está relacionado com o que estamos aqui para fazer, discutir e criar.

Desbloquear a linguagem

Encaro esses exercícios como um modo de dar partida na linguagem, de reiniciá-la. Outra analogia possível seria pensar neles como desvios em torno de nossos hábitos linguísticos. Pode se tornar difícil ouvir música da forma como falamos, porque todos tendemos a focar em certo estilo de comunicação. Acredito que todos os exercícios a seguir são um modo muito útil de flexibilizar nosso uso da linguagem, de suavizar nosso cérebro para que as palavras possam causar mais impacto. Nosso modo de pensar e de nos comunicar pode ser muito rígido, e as palavras acabam ricocheteando na tensão superficial de nossa atenção sobrecarregada. Está tudo certo e isso é bem natural para nossas necessidades diárias de comunicação. Mas, para escrever canções, a maioria de nós precisa direcionar alguma intenção para libertar a linguagem dessas necessidades e permitir que ela revele sua beleza e sua dor, ou qualquer outra coisa que esteja escondida sob as camadas externas da linguagem cotidiana.

Você quer que as palavras invadam a sala, exijam sua atenção e te lembrem como as coisas podem ser empolgantes. Você tem a responsabilidade de se desafiar a usá-las de uma maneira mais intensa do que seu uso diário habitual.

Mantenha a linguagem simples

Dito isso, acho importante destacar que não estou falando sobre expandir seu vocabulário. É claro que sempre é bom fazer isso para seu aperfeiçoamento pessoal. Mas palavras sofisticadas e multissilábicas não vão necessariamente tornar uma letra melhor e muitas vezes são o tipo de coisa que quebra o encanto de uma melodia quando escuto música: "Há quanto tempo esse cara está tentando enfiar 'inexorável' em uma música?!". Na verdade, eu diria que a maioria dos meus compositores favoritos conscientemente opta por uma linguagem comum, simples e precisa, mas não a usam de forma comum e simples em uma canção ou melodia. Estou pensando em pessoas como John Prine, que não usava muitas palavras complicadas ou uma linguagem floreada. Quando ele fazia isso, acredito que sempre permanecia fiel à música e ao que precisava ser dito, acima de qualquer desejo de parecer inteligente ou poético.

Parafraseando a letra de Bill Callahan que citei anteriormente, podemos continuar falando sobre o rio ou simplesmente entrar nele. Não há nada a temer. Já enfatizei isso o suficiente? O pior que pode acontecer quando passamos tempo com nós mesmos, sendo criativos, é tão insignificante que mal consigo pensar em um exemplo além das leves frustrações que já identificamos como obstáculos. As recompensas, contudo, são ilimitadas e você não precisa acreditar apenas na minha palavra: temos milhares de anos de evidências de que as canções nos ajudam a viver, a lidar com a vida, e nos ensinam a ser humanos. Tornar-se parte desse interminável rio de canções fluindo, da continuação dessa rica atividade humana, depende apenas de você. E você pode adicionar sua voz a ele. Ninguém nunca se afoga. Vamos, mergulhe!

8 EXERCÍCIO 1:
Escada de palavras – verbos e substantivos

Como eu já disse, os exercícios que estou sugerindo visam afrouxar a forma habitual como usamos a linguagem e os atalhos que seguimos automaticamente quando conversamos e nos comunicamos no nível mais básico ao longo do dia. Depois pegaremos esses novos modos de pensar sobre linguagem e os transformaremos em inícios de letras e de canções.

Uma das maneiras pelas quais restringimos nossa linguagem cotidiana é criando combinações mais previsíveis e gerenciáveis de palavras em nossos padrões de fala. Por exemplo, costumamos usar os mesmos verbos com os mesmos substantivos. Aqui está um exemplo de um par de substantivos que me deixa louco: "salva de palmas". Nunca se escuta sobre uma salva de qualquer outra coisa, mas uma "salva de dentes" ou uma "salva de batimentos cardíacos" são combinações incrivelmente evocativas que imediatamente formam imagens em minha mente.

Em um nível mais básico, evitar advérbios e adjetivos é um bom conselho para a escrita em geral. Não precisamos dizer "o cachorro latiu barulhentamente", pois "barulhentamente", na realidade, enfraquece a palavra "latiu". Alguns de nós repetem as mesmas frases ao ponto de nossa família e amigos mais próximos conseguirem terminar nossas sentenças ou preverem o que vamos dizer. Acho que todos fazemos isso em alguma medida, porque torna a comunicação mais eficiente. É muito mais importante ser entendido ao perguntar "Onde está o extintor de incêndio?" do que inventar uma sentença bela e inspiradora: "Diga-me, por obséquio, como posso, porventura, pôr as mãos naquele resplandecente salvador carmesim para que evitemos que nosso recanto de desjejum se converta em imaculada incandescência?". Clichês podem ser úteis, às vezes até necessários. Eventualmente você pode usá-los como alicerces na construção de canções, pode revitalizá-los e transformá-los em formas mais interessantes ao ser colocados em novos contextos ou até repetidos.

Mas estamos nos adiantando. Vamos começar com alguns ingredientes básicos e ver se conseguimos fazer algo empolgante acontecer. Um exemplo para começar...

Pense em dez verbos associados, digamos, a um médico e anote-os em uma folha. Depois, escreva dez substantivos que estejam em seu campo de visão.

Examinar	*Almofada*
Pulsar	*Violão*
Prescrever	*Muro*
Ouvir	*Vitrola*
Escrever	*Sol*
Esquadrinhar	*Janela*
Tocar	*Carpete*
Aguardar	*Tambor*
Cobrar	*Microfone*
Curar	*Lâmpada*

Agora pegue um lápis e desenhe linhas que conectem substantivos e verbos que normalmente não funcionam juntos. Gosto de usar esse exercício não tanto para gerar novas letras, mas para me lembrar o quanto posso me divertir com as palavras quando não estou preocupado com o significado ou julgando minhas habilidades poéticas. Aqui está um exemplo de um rápido poema que eu poderia criar tentando usar todas as palavras citadas.

*o tambor aguarda
na janela, ouvindo
onde o sol escreve
nas almofadas
prescritas
pulsa o microfone
o violão está curando
como a vitrola é tocada
cobrando o muro
enquanto uma lâmpada examina
e esquadrinha o carpete*

    Tudo bem, não é o melhor poema já escrito, mas aposto que também não é o pior. Pode ser difícil de cantar e talvez não faça sentido o suficiente para ser compreendido, mas já estou adorando a forma como algumas cenas estão sendo retratadas: a frase "o sol escreve" me faz pensar em um mundo oculto, cheio de mistério e pistas, e alude à ideia de que o mundo natural pode ter intenções, pode estar tentando nos dizer algo... Enfim, esse é o exercício, e percebi que ele quase sempre funciona quando sinto a necessidade de me distanciar dos meus caminhos habituais e desgastados da linguagem.

    Já que estamos aqui, acho que vale a pena mostrar como eu tentaria transformar o exercício em algo que resultasse em um material mais útil para uma canção. Posso abrandar as regras que acabamos de seguir, e, se tudo der certo, algo que faça mais sentido deve emergir. Para esse poema/letra de música, posso usar o que quiser do primeiro esboço de poema, mas não sou obrigado a usar todas as palavras da lista original. Não preciso sequer me preocupar se os verbos serão verbos e os substantivos, substantivos.

o tambor aguarda no peitoril da janela
onde o sol escreve seu testamento no carpete
meu violão é curado
pelo plugue do amplificador cobrando o muro
e isso não é tudo
estou sempre apaixonado

Pronto. Ainda está um pouco esquisito, mas definitivamente é suficiente para ativar meu cérebro de uma forma em que a linguagem e as palavras tenham minha completa atenção novamente. Esse é o estado mental ideal para criar letras ou pelo menos fragmentos de letras.

Você deve ter notado que o último verso é familiar. Aproveitei esse exercício para ilustrar como é muito mais fácil escrever com uma melodia em mente. Então, em vez de criar uma melodia, usei a da música do Wilco "I'm Always in Love" [Estou sempre apaixonado]. Vá em frente e cante a estrofe inteira se você conhece essa canção. Bem, não acho que isso seja necessariamente uma melhoria, mas dá uma ideia de como é combinar esse tipo de reflexão sobre palavras com uma ideia melódica como base. Que é a premissa básica do próximo exercício.

9 EXERCÍCIO 2:
Roubando palavras de um livro

Este exercício, embora seja parecido com o primeiro por começar com pedaços e fragmentos de letra, é um pouco mais livre na sua execução, mas juro que pode ser realmente útil quando você se encontra minerando um veio cansado de seu vocabulário habitual. Pense em uma melodia, como fiz com "I'm Always in Love" no capítulo anterior – não precisa ser sua própria melodia para aprender esse processo. Abra um livro em qualquer lugar, em qualquer página, e continue cantarolando a melodia para si mesmo enquanto passa os olhos pelas palavras. Não tente compreender o que está lendo: apenas deixe sua mente deslizar pelas palavras da página e concentre-se na melodia. Se você conseguir alcançar o estado mental adequado, as palavras vão saltar e se ligar à melodia. Marque (literalmente, com uma caneta marca-texto, se possível) essas palavras e continue até reunir um conjunto de palavras que, potencialmente, se moldem ao contexto da melodia. Novamente, pode ser necessário um pouco de tentativa e erro antes disso se tornar útil. Gosto muito desse exercício porque ele deixa meu ego de lado, no banco de trás do carro, longe do volante, e me força a me render a um processo que coloca a linguagem e as palavras no caminho da minha criatividade, permitindo que eu as encontre como se tivessem vindo de outro lugar (porque vieram). Então, me sinto mais livre para reagir com surpresa e paixão ou mesmo com fria indiferença, algo mais difícil quando meu intelecto começa a tratar minhas ideias líricas como joias preciosas.

Às vezes, fica mais fácil quando você encontra uma palavra-âncora que conecta tudo. Por exemplo, você está passando os olhos pela página e, de repente, a palavra "catástrofe" se encaixa na cadência e no movimento das notas que você está cantarolando. Aliás, essa é uma palavra linda, cheia de movimento melódico e tem até uma rima interna: ca-tá--stro-fe. Isso, por si só, já é um movimento musical. É fácil encontrar alguns monossílabos para associar a ela: "Você não chamaria de catástrofe?".

Mas não é preciso se aprofundar nisso por enquanto. Você pode anotar sua palavra-âncora, seja ela qual for, e talvez encontrar uma palavra que rime com ela. Talvez possa usar um dicionário de rimas (ou procurar "catástrofe + rimas" na internet; é muito útil) para encontrar outra palavra que pode ser interessante como parte de um dístico. Antes que você perceba, uma história pode começar a surgir, sem nenhuma relação com o texto original. A essa altura, o exercício terá feito sua mágica, e você pode continuar com o processo até chegar a uma conclusão satisfatória. Por exemplo,

> *você não chamaria de catástrofe*
> *perceber que está preso numa estrofe*
> *ou em qualquer lugar menos onde se quer estar*
> *e tão longe de quem quer amar*

Ou você pode seguir adiante, cantarolando e folheando o livro até acumular mais ideias ou inspirações líricas que precisará para compor uma típica canção de três ou quatro versos. É importante enfatizar que você deve exagerar na criação de letras e acumular palavras que goste sempre que tiver energia e tempo para isso. Escrever mais do que o necessário quase nunca vai piorar uma canção. Às vezes, nem todos os versos bons entram na música em que você está trabalhando, mas isso não significa que você precise descartá-los.

Eu revisito e examino as páginas de letras que escrevi com esse processo – por exemplo, a frase de Henry Miller "Stand still like a hummingbird" [Fique parado como um beija-flor] foi a inspiração por trás de uma das canções mais pedidas do Wilco – e frequentemente encontro coisas que adoro, mesmo aquelas que nunca usei. É útil haver algum intervalo de tempo entre o momento em que foram escritas e quando são revisitadas, especialmente se for tempo suficiente para a melodia inicial ter desaparecido. A essa altura, você não está se comprometendo com nada. Está apenas criando peças-chave.

É claro que você PODE ter uma ideia sobre o tipo de canção que quer escrever enquanto faz esses exercícios. Você é livre para fazer as coisas do jeito que quiser. Mas, para essa atividade específica de criação de letras, nada deve estar tão presente em sua mente quanto a melodia.

Eu faço isso há tanto tempo que a maioria dos meus livros está cheia de marcações por todos os lados. As pessoas me visitam, pegam algum livro que está pela casa e pensam: "Ele deve ter achado isso muito interessante. Imagino o que o levou a estudar os Evangelhos gnósticos". Nada. Eu só gostei das palavras.

10 EXERCÍCIO 3:
Técnicas de recorte ou *cut-up*

Este é um bom exercício para se somar a qualquer um dos dois anteriores, ou talvez para revitalizar um conjunto de letras que pareçam monótonas, sem vida e mecânicas. Basicamente, essa técnica exige algum texto já escrito. Então, pegue algo que você esteja escrevendo e copie tudo em um bloco de notas ou, se tiver acesso a uma impressora, imprima com espaço duplo entre as linhas. Você provavelmente já deve ter percebido para onde isso está indo. A técnica do *cut-up* requer uma tesoura ou, ao menos, uma mão firme para rasgar o papel. A estratégia de corte mais simples é linha por linha, mas palavra por palavra pode proporcionar resultados igualmente interessantes.

Depois de recortar o texto, você pode colocar as tiras em um chapéu ou virar todas para baixo e selecionar cada pedaço aleatoriamente. Em seguida, examine a construção do poema criado aleatoriamente em busca de montagens inesperadas. Eu quase sempre encontro pelo menos uma nova frase formada ou alguma relação inédita entre as palavras que me comove ou que me faz sorrir. Outra forma de usar os seus recortes é deixar de lado as associações aleatórias e usá-los simplesmente como módulos móveis da linguagem. Sempre me fascina o quanto os versos que escrevi podem se tornar mais vivos quando tenho a simples experiência tátil de reorganizar a ordem e a sintaxe das linhas e frases.

Sei que não inventei essa técnica. Nem sou o primeiro a promover sua utilidade no processo de composição. E sei que isso pode parecer um pouco exagerado, uma vez que já estou pedindo para você revigorar sua linguagem. Além disso, algumas pessoas podem pensar que esse tipo de técnica surrealista seria menos aplicável aos estilos de escrita de letras mais simples e diretos. Ainda que não seja esse o caminho mais atraente para você, eu imploro que, ainda assim, você tente. Posso dizer que, para mim, as canções que foram mais transformadas pela implementação desse método são justamente as mais tradicionais e diretas.

Por exemplo, a letra da canção "An Empty Corner" inicialmente era cantada nesta ordem:

> *In an empty corner of a dream*
> *[Em um canto vazio de um sonho]*
> *My sleep could not complete*
> *[Meu sono não pôde se completar]*
> *Left on a copy machine*
> *[Deixadas em uma copiadora]*
> *Eight tiny lines of cocaine*
> *[Oito pequenas carreiras de cocaína]*

Por vezes, basta pegar o último verso de uma estrofe e transformá-lo no verso de abertura para revelar algo mais vívido e verdadeiro que estava sendo diminuído pela antiga localização, ou ofuscado pelo peso musical da necessidade de se ancorar a melodia.

> *Eight tiny lines of cocaine*
> *[Oito pequenas carreiras de cocaína]*
> *Left on a copy machine*
> *[Deixadas em uma copiadora]*
> *In an empty corner of a dream*
> *[Em um canto vazio de um sonho]*
> *My sleep could not complete*
> *[Meu sono não pôde se completar]*

Essa versão é tão melhor e mais poderosa que a anterior que é difícil acreditar que sequer tentei cantar essa letra em outra ordem qualquer. Agora estou tentado a fazer alguma analogia complicada sobre a importância que a ordem de nascimento pode ter sobre os irmãos, mas vou falar apenas isto: separe um tempo para brincar com as palavras. Permita-se conhecê-las sem a presunção de ditar tudo o que elas estão tentando dizer. Ainda é você! As decisões ainda são suas.

Não existem acidentes. Ou, pelo menos, não existem acidentes que não possam ser abraçados e reivindicados como algo que você quis dizer desde o começo. Honestamente, eu acredito que tomar a decisão de se abrir para o que não é completamente intencional em seu trabalho é um ato corajoso de aceitação, é tão revelador e artístico quanto qualquer arte que pretende ser uma visão plenamente realizada.

11 EXERCÍCIO 4:
Variação da escada de palavras – o temido adjetivo

Outra variação que vale a pena envolve revisitar o exercício que fizemos com substantivos e verbos. Mas nesta escada de palavras, eu gostaria de tentar uma variação simples para ilustrar como os mesmos padrões gastos de linguagem podem se associar a essas combinações de palavras, e como pode ser libertador retirar os adjetivos de seus ambientes habituais e permitir que eles modifiquem e se associem a substantivos aos quais nunca estiveram relacionados.

Gostaria também de (mais uma vez) fazer uma breve advertência sobre adjetivos e advérbios e como seu uso excessivo pode criar um tipo de letra plana e visualmente estática que, na minha concepção, é melhor evitar. Contudo, algumas pessoas conseguem se dar bem usando inúmeros adjetivos. Uma das coisas que aprendi ao observar Bob Dylan (e não as pessoas que tentam escrever como Dylan) é que ELE pode quebrar essa regra e usar quantos adjetivos quiser. Eu, pessoalmente, sinto que preciso merecê-los.

Talvez esse seja um problema comum a todos os tipos de escrita criativa, mas o uso excessivo de adjetivos pode sair do controle se você não prestar atenção. Não deixe que os adjetivos te façam acreditar que está sendo poético. Um "impaciente orbe vermelho-fogo assomava no céu azul-algodão, embaçado por um véu de uísque" dificilmente vai me impactar tanto quanto um simples "eu estava bêbado no dia". Só dizendo! Não acho que seguir esse caminho seja uma escolha inteligente para a maioria das pessoas. É curioso como adicionar palavras para retratar algo de forma mais clara e específica muitas vezes acaba obscurecendo a imagem que queremos expor. O problema está em usar adjetivos para apimentar um verbo ou um substantivo vago em vez de simplesmente substituí-los por palavras mais precisas. Existem tantas palavras incríveis. Encontre-as!

"Eu estava extremamente assustado com o homem muito grande atrás do balcão" *versus* "Eu estava petrificado pelo colosso que trabalhava no caixa". Certo? Você entendeu. Só deixando claro. De qualquer forma, acho que está bem claro qual das frases é mais interessante e vívida.

Então, de volta ao exercício, aqui está uma lista de dez adjetivos relacionados ao espaço sideral e dez substantivos que acabaram de surgir em minha mente.

Circular	*Escada*
Distante	*Beijo*
Antigo	*Filha*
Aureolado	*Mão*
Frio	*Piscina*
Vasto	*Verão*
Brilhante	*Gramado*
Congelado	*Amigo*
Silencioso	*Chama*
Infinito	*Janela*

há uma distante mão
em uma escada congelada
subindo através
de uma janela brilhante
uma vasta piscina aguarda
ao lado de um silencioso gramado
onde uma filha aureolada
vive um verão circular
um beijo frio
de um amigo infinito
longe de uma antiga chama

Novamente, não é um poema perfeito, mas levei apenas quinze minutos para escrevê-lo e realmente gostei das imagens que surgiram. Encontrei até algumas expressões que procurava para completar uma canção em que estou trabalhando. Mesmo que você não se torne um compositor, sentar-se de vez em quando e brincar com as palavras dessa maneira pode ser estranhamente reconfortante. Sempre que faço um desses exercícios, sou lembrado de quanta beleza reside na ponta de nossos dedos e de como criar nem sempre significa que você deve se autointitular criador. Nesses casos sinto como se estivesse participando de uma atividade que revela minha natureza criativa, que expõe o desejo oculto de que haja mais significado: a poderosa ânsia que tenho de que existam coisas das quais eu não tinha consciência, ou até mesmo a beleza que presenciei nascer.

12 EXERCÍCIO 5:
Tenha uma conversa

Digamos que você fez os exercícios anteriores e ainda continua cético quanto à ideia de que qualquer jogo de palavras pode ajudá-lo a escrever o tipo de canção que você quer escrever. Ou talvez você apenas duvide da sua capacidade de inventar coisas. Possivelmente ainda está convencido de que não tem nada a dizer ou de que precisa ter algo a dizer para escrever uma canção. Eu entendo. Canções tem uma importância monumental em nossas vidas por diversos motivos. Mas estou aqui para te convencer de que você é um compositor e um improvisador de linguagem nato. E, embora a maioria das coisas que podem ser ditas já tenham sido ditas em canções, você tem algo a acrescentar a essa conversa apenas ao expressar individualmente, do seu jeito, o que é importante para você – mesmo que isso não seja inteiramente (ou até mesmo parcialmente) original.

O que nos leva ao conceito de conversa como canção. Você conversa com as pessoas? É apaixonado em suas interações com amigos e entes queridos? Com os colegas de trabalho? A maioria das pessoas usa as palavras o dia todo, quase sem preparação ou planejamento prévio. Tomamos essa habilidade como algo garantido. Se você realmente quer transmitir seu ponto de vista quando está com raiva, pode se atrapalhar em buscar as palavras certas, talvez fazer desvios por algum território imprudente e até doloroso, mas quase sempre será claramente compreendido.

Percebo uma clara conexão entre nossa capacidade de nos comunicar em uma conversa e as habilidades necessárias não apenas para escrever letras, mas também para compor música. O segredo e o desafio, me parece, é: como podemos nos tornar confiantes em nossa habilidade de usar esse talento em um contexto que não seja uma conversa. Tenho um exercício simples para isso. Tenha uma conversa. Encontre alguém com quem você possa conversar com certa facilidade – amigo, parente, atendente de loja – e peça que essa pessoa te faça perguntas sobre sua vida, sobre como você está se sentindo, sobre o que tem medo. Dê um jeito de gravar essa conversa. Deixe passar um tempo e volte a ela. Idealmente, tire um tempo para transcrever pelo menos o que você disse durante a conversa.

Agora, dê uma olhada no que você disse espontaneamente, sem nenhuma premeditação. Você foi honesto? Ficou surpreso com alguma de suas respostas? Você já ouviu alguém cantar algo parecido com o que disse? Aposto que, no mínimo, você perceberá uma semelhança entre o modo como você fala e como as músicas são concebidas. Este é o verdadeiro dom da linguagem humana e do nosso desejo de nos conectar: ela funciona. E estou convencido de que, se você consegue dizer a alguém que o ama e fazer com que essa pessoa acredite, então também pode escrever uma música que seja igualmente persuasiva.

Aqui está um exemplo rápido de como você pode usar quase qualquer trecho de conversa como um catalisador para gerar ideias. Esse exemplo é baseado na transcrição de uma conversa com meu cunhado, que escreve principalmente sobre Hollywood, mas estava interessado no meu processo criativo enquanto eu me preparava para escrever este livro. Observe que deixei em negrito as frases que foram mais úteis para mim.

DANNY: **Eu conversei com alguns** atores **que não querem falar** sobre o processo que utilizam...

JEFF: Eu não sou supersticioso em relação a isso. Não acho que **falar** sobre isso **pode quebrar o encanto**. Talvez seja útil para algumas pessoas pensar que não são elas – há muitos compositores que acreditam que são apenas um canal, que estão apenas transmitindo algo vindo **de algum lugar do universo**. Não acho que seja preciso pensar dessa forma – claro que isso ajuda algumas pessoas –, mas acredito que é igualmente interessante dizer que pode ser apenas seu subconsciente.

DANNY: Ao ler o seu primeiro livro... **você não precisa se preocupar** em falar sobre isso, é apenas uma questão de deixar o ego de lado.

JEFF: **Não acho que estou livre** disso – **acho que estou ficando** meio supersticioso enquanto conversamos. Não quero dizer "nunca tive bloqueio criativo", porque talvez eu esteja tentando reprogramar meu cérebro, "vamos desligar tudo então". Mas acho que, para algumas pessoas, essas são profecias autoimpostas para alguns: "Estou com bloqueio criativo". **Bem**, quando foi a última vez que você pegou um lápis e tentou escrever sem **imaginar se era** algo bom ou ruim?

DANNY: **Eu** acho que o bloqueio criativo implica que você está se vitimizando, **do seu ponto de vista** egocêntrico da consciência.

Aqui estão apenas os trechos juntos:

*Eu conversei com alguns
que não querem falar
falar pode quebrar o encanto
de algum lugar do universo
você não precisa se preocupar
não acho que estou livre
acho que estou ficando bem
imaginar se era eu
do seu ponto de vista*

Existem milhões de maneiras de reorganizar esse único fragmento de comunicação. Nesse primeiro exemplo, optei por não alterar a ordem das palavras nem adicionar nenhum "tecido conector", aquelas palavras que ajudariam a criar rimas ou chegar a lugares para onde meu cérebro as conduzia. Ainda assim, isso é bem interessante como letra, certo?

No entanto, indo um passo além e abandonando essas "regras", o resultado poderia ser algo assim...

*Conversei com alguns que não querem falar
eles acham que falar pode quebrar o encanto
em algum lugar do universo, você não precisa
                                      [se preocupar
onde eu não estava livre, mas ficando bem
e, enquanto você partia, comecei a imaginar
se você algum dia seria capaz de dizer
que existe uma diferença entre você
e eu do seu ponto de vista*

Para mim, ambos os fragmentos de poemas são bastante cantáveis, mas flexibilizar as regras acrescentou uma camada de significado.

O exemplo acima mostra o que pode acontecer com um trecho de conversa bastante banal e não particularmente apaixonado. Mas o que eu realmente gostaria de compartilhar com você é o tipo intenso de discussão amorosa que acho que todos temos quando empurramos nossos sentimentos contra nosso vocabulário e lutamos um pouco para sermos entendidos. Para mim, isso é ainda mais parecido com uma canção. Uma troca que pode ilustrar como as conversas são repletas de uma linguagem bela e improvisada.

Vou te mostrar uma canção chamada "Guaranteed", que gravei em um álbum solo alguns anos atrás. Acho que ela ilustra muito bem como uma conversa mais íntima pode servir à composição de uma letra. E como a forma como realmente falamos é mais do que suficiente, poeticamente, para fazer uma canção soar íntima, real e capaz de criar uma conexão com o ouvinte. A música surgiu de uma conversa entre Susie, minha mulher, e eu. Começarei reproduzindo a conversa, da melhor maneira que consigo me lembrar...

JEFF: Nós passamos por muita coisa, você e eu.

SUSIE: É, hospitais... bares...

JEFF: Deve ser difícil às vezes lidar comigo sendo um esquisitão e estando longe de casa tanto tempo e não sabendo fazer "coisas de homem".

SUSIE: É, você não é fácil!

JEFF: Certo, talvez. Mas você também não... Talvez esse seja um bom lugar para começar?... Porque, quando as coisas dão errado, temos espaço para melhorar, as coisas podem ficar melhores, o nosso amor se fortalece quando é necessário.

SUSIE: Como? Eu gostaria de saber como. E por que deve ser uma reação a algo trágico acontecendo?

JEFF: Acho que é bom assim. A tragédia não é meio que garantida?

SUSIE: Sim, mas às vezes parece que é demais. Não parece? Você nunca pensou que a gente talvez não consiga continuar quando as coisas estão tão ruins assim?

JEFF: Na verdade, não. Não mais. Tenho certeza, baseado no fato de que ainda estamos aqui, de que nada pode nos separar.

E, então, a letra finalizada...

> *We've been through a lot, me and you*
> *[Passamos por muita coisa, você e eu]*
> *Hospitals and bars*
> *[Hospitais e bares]*
> *I know how it hurts*
> *[Sei o quanto dói]*
> *I'm a piece of work*
> *[Eu não sou fácil]*
> *And you're no walk in the park*
> *[E você também não]*
> *Oh, that's a good place to start*
> *[Oh, esse é um bom lugar pra começar]*

When things go wrong
[Quando as coisas dão errado]
Our love gets stronger...
[Nosso amor se fortalece...]

Oh, I'd love to know
[Oh, eu adoraria saber]
How things go wrong
[Como as coisas dão errado]
Love gets stronger each day...
[O amor fica forte a cada dia...]

Tragedy is guaranteed...
[A tragédia é garantida...]

We think we can't go on
[Achamos que não podemos continuar]
Nothing can break you and me
[Nada pode nos separar]

Afinal, quando você está numa conversa séria, especialmente com alguém que ama, procura pela linguagem adequada para se expressar. Somos capazes de criar histórias realmente complexas de improviso. A conversa vem do nosso subconsciente – buscamos palavras, contamos histórias, nos expressamos de uma maneira orgânica. Acho que esse é o ponto inicial para escrever qualquer coisa. Se você é capaz de se expressar enquanto humano, é capaz de explorar essa habilidade para criar outros modos de expressão, como a canção. Para mim, essa é a maior evidência de que qualquer um pode escrever uma canção. Talvez nem todos consigam criar uma progressão de acordes, mas todos podem inventar uma história.

13 EXERCÍCIO 6:
Brincando com rimas

Eu adoro rimas. Às vezes, um esquema de rimas óbvio demais pode se tornar opressor, e eu tenho uma birra por letras em que é possível perceber, a quilômetros de distância, qual será a palavra usada para rimar. Na minha opinião, a música country tem muito problema com isso. Detesto quando consigo prever cada rima em uma canção. Não existem muitas regras para evitar rimas previsíveis, mas peço a quem estiver lendo este livro que, por favor, em nome de tudo o que é mais sagrado, não rime mais "amor" com "dor". E, se o fizerem, é melhor cercar essa rima com a melhor poesia já escrita para amortecer seu impacto.

Uma coisa que gosto de fazer, e que me estimula da mesma maneira que resolver palavras cruzadas, é escrever duplas de versos rimados independentes. "Independentes" no sentido de que não estão ligados a nenhum poema ou canção. Juntar duas palavras que rimem pode ser muito satisfatório, especialmente quando você se livra do peso da arquitetura e da lógica de um poema ou letra completos. Um exemplo:

> *when Gwendolyn speaks to a county police*
> [quando Gwendolyn fala com a polícia da comarca]
> *plastic cup of beer held between her teeth*
> [o copo plástico de cerveja preso entre os dentes ela marca]

Não é uma rima perfeita, mas você entendeu a ideia. Mal posso esperar para ouvir o resto da canção em que ela se encaixa. Talvez eu nunca a encontre, mas eu me diverti criando esse pequeno par de versos e estou feliz que ele exista.[3]

De modo geral, essas são apenas ideias e exercícios para ajudar você a aquecer, para deixá-lo entusiasmado com a música e com o ritmo da linguagem. E, falando em música, espero que você já tenha algumas melodias na cabeça como resultado de nossas experiências com letras.

---

[3] Jeff encontrou os demais versos. A canção se chama "Gwendolyn" e é uma das faixas de seu álbum solo intitulado *Love Is The King*, de 2020. [N.T.]

14 EXERCÍCIO 7:
Não seja você mesmo

Isso pode parecer surpreendente, mas na verdade você NÃO precisa ser você mesmo. O conselho sobre escrita mais famoso de Woody Guthrie e que ecoou por tantos outros escritores de todos os tipos é: "Escreva sobre o que você conhece". Eu considero um conselho fantástico. Especialmente na forma que se relaciona com o impulso de muitos jovens escritores de mergulhar em alegorias e ideias que pouco se assemelham à forma como realmente vivem suas vidas. Um cara como eu evitando expressões como "três oitão", "nave", "garrafa de uiscão" e "as rédeas do possante" vem à mente quando penso em como esse conselho pode ser útil se aplicado corretamente.

Mas, sejamos realistas, Woody Guthrie teve uma experiência de vida muito rica e fascinante para se inspirar. Então, escrever sobre o que ele conhecia significava que ele podia evitar os temas relativamente banais que fazem parte de uma vida normal hoje em dia. Talvez ele quisesse dizer que não fingiria ser "importante" tentando cantar sobre um baile de debutantes ou algo assim... e, ainda assim, ele poderia ter feito isso, e talvez até tenha feito, agora que me lembro dos diversos manuscritos que vi em seus arquivos. Ainda assim, Woody sendo Woody, então era muito fácil para ele dizer "escreva sobre o que você conhece".

E onde fica o resto de nós? Os aspirantes a compositores que não viveram durante o Dust Bowl?[4] A maioria de nós

---

4   Período de intensas tempestades de areia nos Estados Unidos na década de 1930, decorrente de uma seca severa. [N.T.]

vive bem distante das aventuras e dos relatos de sobrevivência que tendemos a rotular como autênticos e interessantes. Ainda que eu concorde que é importante ser fiel ao que nos afeta no dia a dia, gostaria de sugerir uma solução para o sentimento paralisante de que nossas vidas não são dignas de ser temas de composição: SEJA OUTRA PESSOA. Ou outra coisa. Não estou necessariamente sugerindo a invenção de um novo VOCÊ – uma persona estilo Ziggy Stardust, ainda que inegavelmente essa seja uma abordagem incrível se você conseguir realizá-la. Só estou dizendo que vale a pena e pode ser útil, de vez em quando, sair conscientemente de si mesmo e escrever de "outro" ponto de vista.

Fiz isso minha vida inteira. Acho que, mesmo antes de escrever músicas para eu mesmo cantar, escrevia pensando que outra pessoa cantaria. Quando eu fazia parte da banda Uncle Tupelo, sempre escrevia com a voz de Jay Farrar em mente, na esperança de que ele me poupasse da indignidade de tocar o baixo, algo que nunca foi fácil para mim. E de cantar, o que – posso garantir – NÃO era fácil para mim, especialmente ao mesmo tempo que tocava baixo. Mesmo depois de aceitar minha voz, ainda tinha o forte impulso de escrever tendo em mente a voz, a experiência de vida e o peso de outros artistas. Isso me ajudou a compor várias canções que, de outra forma, talvez não tivessem atravessado o denso matagal de dúvidas e inseguranças que definia minha autoimagem. "Forget the Flowers", do disco *Being There*, é um bom exemplo. Johnny Cash! Era o que eu ouvia em minha cabeça enquanto escrevia aquela música. Ainda preciso me esforçar conscientemente para não parecer que estou tentando imitá-lo quando canto essa canção.

Essa habilidade ou desejo de mudar a perspectiva o suficiente para deixar de soar como eu mesmo tem sido muito útil no trabalho que fiz escrevendo canções para a voz de

Mavis Staples na última década. Mas acho que a experiência mais memorável que tive nesse sentido foi durante o processo de composição do álbum *A Ghost Is Born*. A certa altura, me vi sob o peso da minha cabeça colossalmente ferrada e não conseguia suportar a ideia de cantar outra palavra enquanto a entidade conhecida como Jeff Tweedy. As coisas estavam ruins, eu era um viciado em drogas, lidando (ou não lidando) com questões de saúde mental... Vou presumir que você já conhece a maior parte dos detalhes, mas, resumindo, achei que ia morrer e estava tranquilo com essa ideia. Contudo, ainda havia muita coisa que eu queria tirar do peito, e o mais importante: eu queria que meus filhos, meus meninos, Sammy e Spencer, me conhecessem como a pessoa que eu sentia ser de verdade e não como a pessoa em que eu me transformara. Ler para eles era algo que eu ainda conseguia fazer com certa confiabilidade, e me ocorreu que quase todos os livros infantis eram escritos do ponto de vista de animais ou coisas, como lagartas ou trens. Então comecei a escrever canções para eles do ponto de vista de animais, ou canções que tivessem ao menos algum elemento de uma perspectiva animal. Isso levou a um conceito semicoerente de arca de Noé, que deu forma ao restante do álbum. A música que talvez contenha os vestígios mais evidentes dessa abordagem é "Company in My Back", escrita do ponto de vista de um inseto em um piquenique. Ao menos foi essa a perspectiva que estava em minha mente, mas ela acabou se transformando em algo que está bem longe de ser impessoal. Na verdade, quando a leio ou canto hoje, a considero dolorosamente reveladora.

I attack with love, pure bug beauty
[Eu ataco com amor, pura beleza de inseto]
I curl my lips and crawl up to you
[Encrespo meus lábios e rastejo até você]

And your afternoon
[E sua tarde]
And I've been puking
[E eu estive vomitando]

Acho que essa música é reveladora, porque, sem o amparo emocional de não ser eu o narrador da canção, eu não teria segurança suficiente para me identificar como algo belo, ainda que indesejável. Como um inseto num piquenique, um intruso. Enfrentando um perigo maior do que poderia imaginar e, ainda assim, sentindo-me gentil e completamente rendido à imensidão do mundo e aos seus mistérios. Em outras palavras, escrever da perspectiva de um inseto me permitiu ser honesto sobre coisas que eram dolorosas demais para contemplar plenamente naquele momento.

Seja como for, acho que é um truque útil se você conseguir ver o mundo de um novo ângulo de vez em quando. Olhe ao redor do cômodo onde está agora. O que o relógio vê de sua posição na prateleira? Você já imaginou como é ser um tapete? E um aspirador de pó? Chaka Khan? Ou talvez VOCÊ possa tentar escrever uma canção na voz de Johnny Cash? Essa é a beleza dessa abordagem: o que você ouve nunca será igual ao que eu imaginei. Também nunca será Johnny Cash ou uma vespa ou um frango assado ou um ar-condicionado... Será sempre você. E isso é maravilhoso.

PARTE III

15 Pedaços de música
Comece a criar

Quando falei sobre minha rotina diária, mencionei a importância de coletar fragmentos de escrita como ponto de partida. Espero que os exercícios da Parte II tenham colocado você em movimento: que você tenha um punhado de letras, frases ou até mesmo palavras de que gosta. Mas, junto com a letra, também é importante começar a coletar trechos de música. Riffs, trechos de melodia vocal, progressões de acordes, sons, samples, loops, batidas – basicamente qualquer coisa no campo sonoro que você queira ouvir novamente e que algum dia possa ser útil na construção de uma canção.

Já que estamos falando sobre música, e considerando que não leio nem escrevo partituras (e, mesmo que o fizesse, não seria justo presumir que você tenha essa habilidade), essa é a parte mais difícil de descrever do que como faço para coletar letras. Então, em vez de propor exercícios, vou compartilhar uma lista de recomendações ou sugestões – leves "empurrões".

Em alguns momentos desta parte, eu assumirei que você tem algum conhecimento rudimentar de um instrumento ou, pelo menos, consegue reter uma melodia o tempo suficiente para gravá-la ou reproduzi-la de algum modo. Nossas primeiras interações com instrumentos costumam ser as mais libertadoras. Pegar o violão do meu primo e ser capaz de tocar parte de um riff da banda Kansas na base de tentativa e erro é provavelmente o evento mais importante da minha vida. Porém a relação entre essas notas e as outras cordas é onde as coisas começam a ficar complicadas e, por vezes, assustadoras; por isso acho importante focar na simples mentalidade de "uma nota de cada vez". Tocar melodias ao piano, uma nota por vez, é outra ótima opção para calibrar seu ouvido e descobrir como pode ser divertido e empolgante simplesmente tocar estridentemente uma melodia. E se você acha que é impossível criar algo interessante ou bonito com uma técnica tão rudimentar, sugiro que ouça "Know", de Nick Drake, ou "Rang Tang Ring Toon", de Mountain Man, para perceber que uma única corda de violão ou uma nota de cada vez pode ser a quantia necessária.

Então, espero que você tente – mesmo que seja apenas com uma corda ou um dedo no teclado. Mas, se nem isso ainda fizer parte das suas habilidades, espero que consiga absorver essas recomendações como aplicáveis a uma atmosfera mais ampla de criação, adaptando-as ou transpondo-as para qualquer campo criativo que você prefira. Sempre tenha em mente que o que *mais* desejo transmitir é uma definição ampla do que uma canção é e pode ser para cada um de nós em nossas vidas e o quanto acredito que todos podem se beneficiar de uma rotina criativa diária.

16 RECOMENDAÇÃO 1:
Aprenda as canções de outras pessoas

Todos temos a capacidade de lembrar e registrar coisas que são importantes para nós. Muitas pessoas fazem isso com imagens, obviamente. Eu costumo fazer com sons. Acho que o som tem uma capacidade subestimada de evocar sentimentos. Assim como as pessoas falam do poder extraordinário do cheiro sobre nosso humor, bem, posso dizer que o som faz isso por mim e acredito que para muitas outras pessoas. Pode ser o som de uma corrente de metal batendo no mastro de uma bandeira por causa do vento. Pode ser o som do vento passando pela janela de um hotel. Pode ser uma infinidade de coisas.

Na minha opinião, é mais importante ser um bom ouvinte do que um bom músico. Na verdade, eu não separaria essas duas coisas. Acho que os melhores músicos são os melhores ouvintes. Sei que muitos músicos não têm um alto nível de destreza física ou técnica, mas provaram seu valor por sua capacidade de ouvir algo que ninguém mais conseguiu. Com bandas grandes, como as de jazz, você será péssimo se não for bom em ouvir e estiver interessado apenas no que está tocando. É como ter uma conversa com alguém que não te ouve – dá vontade de matar a pessoa.

Isso me leva às músicas de outras pessoas. Todos os músicos e compositores que me impressionaram também me ensinaram sobre a música de outras pessoas, além da sua própria. Muitas vezes isso aconteceu ao me apresentar novos artistas ou discos que eu nunca tinha ouvido. Mas também aprendi ao passar tempo ouvindo música com amigos músicos e percebendo a música através dos ouvidos deles

– sentindo as mudanças sutis na respiração e na linguagem corporal enquanto os sons na sala lançavam seu feitiço. Isso me levou a entender e a acreditar que os melhores músicos são invariavelmente os melhores ouvintes e que eles dedicam tanto tempo focando na música dos outros quanto na sua própria. Parece algo óbvio: se você quer aprender a fazer algo, observe outra pessoa fazendo e observe com atenção.

Esse tipo de aprendizado e tradições orais são uma parte consistente de muitas artes e ofícios. Mas como você pode observar alguém escrever uma canção? Primeiro, você escuta e depois talvez leia a letra e tente tocar algumas notas por conta própria. Mas, se você realmente quer entrar na frequência mental de um compositor, deve aprender as canções de outras pessoas a sério e por completo. Milhares delas. E nunca parar. Já viu alguém se perder completamente no karaokê porque achava que conhecia a música de cor, mas acabou se atrapalhando mesmo com a letra bem na sua frente? Eu adoro quando isso acontece, pois revela como até mesmo uma canção simples e muito conhecida pode ter uma complexidade e uma lógica interna que não surgiram por acaso. Quando bem construídas, músicas finalizadas frequentemente parecem simples e descomplicadas, mas estou aqui para te dizer que isso dá trabalho.

O jeito mais fácil de entender como isso acontece é tirar um tempo para aprender suas músicas favoritas. Idealmente, acho mais útil aprender uma música bem o suficiente para conseguir apresentá-la sozinho. Mas até mesmo adquirir confiança suficiente para cantar junto sem olhar a letra já é válido para entender como as músicas são estruturadas e por que certos formatos de canção são recorrentes e satisfatórios. Eu ainda dedico tempo para aprender e reaprender minhas canções favoritas diariamente. Também passo bastante tempo ouvindo discos novos e antigos que nunca tinha escutado antes, numa eterna busca por canções que me inspirem a escrever as minhas próprias. Grande parte dessa inspiração vem do processo de desconstruí-las o suficiente para descobrir como tocá-las em um violão e cantá-las para mim mesmo.

17 RECOMENDAÇÃO 2:
Ajuste o cronômetro

Uma das principais maneiras de nos enganarmos e nos afastarmos da criação é a crença amplamente difundida de que precisamos da quantidade certa de tempo para criar algo que valha a pena. Muitas vezes resistimos a um momento de inspiração por termos consciência do pouco tempo de que dispomos. Isso poderia atrapalhar o fluxo criativo e, portanto, pensamos: "Nem vale a pena começar, porque sei que não vou conseguir terminar". Essa pode ser uma desculpa válida em um dia ou em uma ocasião específica, se sua ética de trabalho for sólida e você não tiver como registrar suas ideias no momento. Nesse caso, pode até ser uma forma prudente de evitar uma experiência frustrante que poderia acabar bloqueando um impulso genuíno. Se não for o caso, você estará somente desperdiçando um jeito confiável de documentar suas ideias.

Mas sejamos honestos: geralmente isso é mentira, não é? Na maioria das vezes, não passa de procrastinação. Grande parte de nossa capacidade de procrastinar, e de racionalizar isso, gira em torno do que consideramos as "condições ideais" para trabalhar. Não vou fazer um sermão sobre o hábito de adiar as coisas. Eu mesmo faço isso com bastante frequência e estou ciente de que nem sempre leva a um desastre completo, à inatividade total ou à falta de progresso. Contudo, acredito que o esforço para reagir ao impulso de só trabalhar quando os astros se alinharem vale a pena. Isso não quer dizer que devemos ignorar as condições controladas que facilitam o trabalho e nos colocam no estado mental adequado para começar a trabalhar: uma bebida favorita à mão, por exemplo, um tipo específico de caderno de notas ou um lápis de peso e textura agradáveis.

Tenho um jogo favorito que uso não apenas para combater a procrastinação, mas também para desafiar a sensação de que só devo trabalhar quando sei que o resultado será "algo bom de verdade". Esse exercício ajuda a manter minha definição de que uma canção é, ou pode ser, aberta e flexível o suficiente para permitir que agradáveis anomalias floresçam.

É um jogo simples. Basicamente, o essencial é ajustar um cronômetro para o tempo que você tiver (acho que cinco a dez minutos é perfeito) e dizer a si mesmo que qualquer coisa que surgir nesse intervalo é uma canção. Eu até gosto de gravar no meu celular o que criei ao final do tempo, para realmente ter a sensação de que cumpri o desafio e segui as regras.

Criei essa prática na estrada. Sou o tipo de pessoa que está sempre adiantada. Conheço um monte de gente que acha que ser pontual e cortês não é muito "rock and roll", mas eu discordo. Acredito que boas maneiras são muito legais e até mesmo revolucionárias. E você não vai me convencer do contrário. Então, vá se f@*#%! De todo modo, quando se tem o hábito de chegar sempre na hora, você acaba passando muito tempo em quartos de hotel, com as malas prontas, só esperando a ligação avisando que o ônibus chegou para pegar todo mundo. Certo dia, por capricho, imaginei se os vinte minutos que eu tinha antes de ser chamado seriam suficientes para criar e gravar uma canção "completa" e totalmente nova.

Então, ajustei o cronômetro no meu celular e peguei o violão. Alguns minutos depois, eu tinha algo que me entretinha o suficiente para começar a combinar com trechos de letras e, ao final dos vinte minutos, tinha escrito uma canção que realmente adorei. O que de fato me impressionou nessa experiência foi a certeza de que eu tinha acabado de criar algo que nunca teria existido sem as limitações que abracei – além do fato de ter preenchido vinte minutos sem esforço. Não posso dizer que esse método tem altos índices de sucesso em termos dos top hits da semana ou até mesmo de canções que entram em álbuns, mas já aconteceu – "You and I" é uma delas – e sou grato por isso. Na verdade, só o fato de ser um recurso para enfrentar esses momentos de limbo durante as turnês já me enche de gratidão.

18 RECOMENDAÇÃO 3:
Abrande seu julgamento

Talvez adicionar uma limitação de tempo ao seu processo de composição não pareça algo natural para você, ou talvez você ainda esteja se familiarizando com seu instrumento e a ideia de criar com um relógio marcando o tempo seja um pouco intimidadora. Ou talvez o gerenciamento de tempo e o hábito de adiar as coisas não sejam um problema para você. Se for o caso, ótimo, mas você vai precisar encontrar outra maneira de dar uma sacudida nas coisas e começar a escrever. Ainda assim, eu recomendaria aprender a improvisar um pouco.

Isso será um ajuste, especialmente para pessoas que já respondem bem à ordem e à estrutura. Mas vale a pena. Então bata na mesa e grunha algo primal. Toque um acorde e narre seu dia até agora. Apenas grave algo. Você criou algo que não existia antes: quão libertadora é a sensação?

O elemento importante aqui é encontrar um jeito de enganar a parte do seu cérebro que busca perfeição ou que precisa ser recompensada imediatamente com uma "criação" que considere "boa" – algo que sustente uma visão idealizada de si mesmo como alguém sério, inteligente e talentoso. Em resumo, você precisa aprender a dar uma festa e não convidar nenhuma parte da sua mente que sinta a necessidade de julgar o que você faz como um reflexo de quem você é. Ou, mais precisamente, a parte de você que não consegue tolerar qualquer expressão externa que possa ser imperfeita.

Infelizmente, essa parte de quem somos exerce muito controle sobre o quanto nos permitimos criar com liberdade. Inúmeras pessoas que conheci em minha vida nunca conseguiram realmente superar essa dificuldade. Talvez eu tenha conhecido algumas que se esforçaram o suficiente para criar uma obra impressionante sem renunciar ao julgamento e ao controle, mas devo admitir que sempre sinto que posso ouvir um certo esforço sem alegria em suas gravações. O que parece evidente para mim é que elas nunca superaram a necessidade de soar mal para melhorar e que nunca aprenderam realmente a abraçar a alegria de soar "mal".

Na verdade, acho que essa é uma habilidade que provavelmente precisamos reaprender, em vez de aprender. Em minha experiência, as crianças geralmente conseguem se dedicar à criação de uma forma quase completamente livre de julgamentos. Adoro observar crianças esparramadas no tapete, desenhando ou colorindo. Para mim, esse é o estado criativo ideal, e é o que mais busco em tudo o que faço. Isso exige certo esforço e alguns truques como os que discutimos, mas eu consegui esse estado para mim, e vale muito a pena.

O que desejo que você encontre é o que encontrei com essas práticas: a alegria de "desaparecer", como eu costumo chamar. Sei que eu já falei sobre isso antes, mas vale a pena relembrar aqui. Sei que encontrei o que procuro em uma experiência criativa quando minha noção de espaço e tempo se altera – quando olho para o relógio e, de repente, se passaram três horas e fico um pouco surpreso ao perceber onde estou. São esses momentos que me dão a maior satisfação, e os considero extremamente satisfatórios para meu bem-estar como um todo. Tanto que decidi escrever este livro, pois realmente acredito que, se você ao menos conseguir se libertar regularmente da versão mais crítica e exigente de si mesmo, terá uma vida melhor.

Aqui ainda estamos falando das diferentes maneiras de enganar a si mesmo e baixar a guarda. Admito que não tenho todas as respostas. Mas acredito que apenas nomear o esforço e explicá-lo para si mesmo nesses termos já pode ajudar. Então, aqui estão mais algumas ideias para fazer você pensar em seus próprios truques, que talvez funcionem para te guiar para uma direção mais livre, tanto em termos musicais – nosso tópico principal aqui – quanto, como sempre, como parte do processo criativo em geral.

Você pode fazer muitas outras coisas para chacoalhar um pouco o processo, como começar no lugar "errado" (vamos falar mais sobre isso na próxima parte do livro) ou tentar uma afinação diferente, o que é uma dica para violonistas, ainda que existam meios de alterar alguns teclados para obter um pouco da desorientação que buscamos. Eu faço isso o tempo todo. Às vezes, desafino um violão até ele fazer um acorde interessante ao dedilhar as cordas soltas. Em seguida, experimento algumas formas de acordes normais até ouvir algo de que gosto. Isso é excelente de se tentar quando se está preso em uma rotina de colocar as mãos sempre no mesmo lugar ao tentar criar uma progressão de acordes ou se está entediado com a sonoridade dos acordes para os quais se tende a gravitar. Às vezes, esses experimentos resultam em canções especificamente escritas para essas afinações alternativas, mas frequentemente esses momentos de desorientação me levam a algo novo que posso transpor de volta à afinação normal.

Outra coisa que é possível tentar é usar um instrumento diferente. O mesmo princípio se aplica aqui. Às vezes, sinto que já sei o que vou ouvir ao pegar meu violão, e isso parece um tanto monótono e previsível. Outro acorde de Sol? *Bocejo*. Não estou brincando. Há quarenta anos toco automaticamente um acorde de Sol toda vez que pego o violão! Uma das maneiras de contornar isso é tocar um instrumento com o qual não me sinto tão confiante, como um piano ou um banjo. Sintetizadores também são ferramentas incríveis para mudar um pouco as coisas. Existem até muitos aplicativos de criação musical que adoro explorar. Todas essas experiências fora da sua zona de conforto vão te dar ideias musicais que você nunca teria pensado sem se desafiar a ouvir o que acontece quando você não faz ideia do que vai acontecer. Você só precisa estar pronto e aberto para isso.

19 RECOMENDAÇÃO 4:
Roube

Sim. É isso mesmo que você leu. Vou encorajar abertamente o roubo em um livro baseado em nossa capacidade compartilhada de criação e na ideia de que qualquer pessoa pode escrever uma canção. Mas roubar não é errado? Sim, completamente errado!

Talvez "roubo" não seja a descrição exata do que estou sugerindo. Contudo, escolhi a palavra "roubo" porque é a palavra que me parece mais honesta, libertadora e atraente. O ponto é: não acho que você deva ter medo de usar a influência direta do trabalho de alguém, mesmo que tenhamos sido ensinados que é errado pegar algo sem permissão. Essa prática está perfeitamente de acordo com a premissa subjacente de uma capacidade COMPARTILHADA de criar.

Todo mundo que teve a oportunidade de roubar a esta altura da evolução humana é um ladrão. Uma investigação mais criteriosa mostra que até mesmo os inovadores que, aparentemente, não têm nenhum precedente histórico dessa prática estão se valendo dos alicerces do trabalho de alguém. O rock and roll, por exemplo, é visto como uma explosão de novas ideias e de expressão altamente individual. Mas, ao olhar de perto, a ousadia de cada música e estilo de performance está mais em *como* foi descaradamente roubada e reinventada com um prazer diabólico. Para o bem ou para o mal, as ideias não eram tão bem preservadas ou protegidas como propriedade intelectual.

Eu provavelmente deveria me afastar de uma digressão sociopolítica aqui, mas acho que seria irresponsável não mencionar como as leis de direitos autorais e a forma como são aplicadas mudaram com o tempo, especialmente à medida que certas formas de arte inovadoras criadas por minorias se tornaram cultural e comercialmente valiosas. Mas estou divagando...

Então, para este capítulo, aqui está o ponto principal: acredito que seria errado pegar a canção dos outros e, sem modificá-la de alguma forma, apresentá-la como se fosse sua. No entanto, quase tudo que não chegue a esse extremo tem validade artística, a meu ver. Com algumas ressalvas. Acho que tudo o que permanecer inalterado (refrões, riffs etc.) deve sempre ser creditado, e acredito que é sempre importante compartilhar suas inspirações quando tiver a oportunidade. Ainda assim, sobra um mundo enorme de ideias musicais para inspirar e integrar às suas próprias ideias. Aqui estão alguns modos pelos quais uso influências externas de forma aberta e consciente.

Progressões de acordes
Muitas vezes, quando me apaixono por uma nova canção, meu primeiro impulso é aprendê-la no violão. Tendo a me sentir atraído sobre como progressões de acordes podem funcionar inesperadamente contra uma melodia vocal. Quando me deparo com combinações de acordes ou passagens que são surpreendentes ou novas para mim, geralmente as gravo em meu celular, sem a melodia vocal original ou com uma nova melodia vocal adicionada para obscurecer a fonte.

Mais tarde, quando revisito essas ideias musicais em minhas gravações, se ainda consigo lembrar a música que está sendo referenciada, eu a descarto como um possível alicerce para minha própria canção ou passo mais tempo tentando encontrar uma maneira de tornar as transições de acordes que mais me intrigaram mais próximas do meu estilo. Mais frequentemente, percebo que o que gravei já perdeu o sabor original da canção de onde foi "roubado" e me deixou um trecho empolgante que posso temperar do meu modo. Recentemente, me apaixonei por uma música chamada "Andromeda", da cantora Weyes Blood. A canção soa muito como seu nome – celestial e luminosa. Imagine a irmã mais nova de Karen Carpenter, chapada de *cookies* batizados. Eu tinha que aprender a tocá-la. Somente nessa canção encontrei três mudanças de acorde maravilhosamente inesperadas que me fizeram gostar ainda mais dela. E devo dizer a você: elas me inspiraram a escrever três canções usando essas mudanças e nenhuma delas soa como "Andromeda" de Weyes Blood.

Samples

Existem muitas fontes melhores por aí se você estiver procurando informações sobre como incorporar samples em seu processo de composição, mas quero incluir esta sugestão como uma defesa incondicional do seu uso na criação de novas e empolgantes formas de arte.

Melodias

A reapropriação de uma melodia é algo mais complicado quando se trata das questões legais que podem surgir se você estiver disponibilizando a arte comercialmente. Mas acredito que escrever suas próprias letras para uma melodia existente é algo realmente excelente caso você não tenha muita intimidade com o lado musical e precise tirar algo do peito na forma de uma canção. Existem canções em domínio público com as quais você pode fazer o que quiser. Eu diria vá em frente: conte a angustiante história de sua saída do armário para seus pais na melodia de "Poker Face" da Lady Gaga, se preciso. Coloque isso para fora. Não espere se tornar bom o bastante musicalmente caso tenha uma história para contar. É o que eu penso.

PARTE IV

20 Consegue ouvir o que vem a seguir?

Este próximo passo é onde as coisas começam a beirar o místico para muitas pessoas quando tentam explicar como uma canção acontece – como letra e música se juntam para formar algo maior que a soma de suas partes.

Não tenho certeza se consigo desmistificar algo que me sinto totalmente incapaz de explicar. Para mim, os momentos que fazem meu couro cabeludo formigar um pouco são aqueles em que ouço a mim mesmo cantar uma letra em voz alta pela primeira vez. Nessas horas, acabo me emocionando a ponto de chorar. Não porque estou deslumbrado com minha suposta genialidade como compositor ou tomado pelo meu talento poético. É um momento em que sinto como se estivesse testemunhando algo melhor do que eu, ou algo melhor do que eu imaginava ser capaz de criar ganhando vida. Certas coisas que escrevi, que a princípio não me pareciam nem remotamente dignas de ser cantadas, quando cantadas pela primeira vez, me surpreenderam ao revelar verdades sobre mim que eu não tinha intenção de expor. Recentemente terminei uma canção com os versos "She holds my hand between her knees/ Like a dream I'm never sure what it means." [Ela segura minha mão entre seus joelhos/ Como um sonho, nunca sei o que significa.] É meio fofo no quesito composição, e em outro contexto eu provavelmente ficaria meio constrangido. Contudo, quando a cantei em voz alta pela primeira vez, senti um fluxo de memórias tomar conta de mim: quando as luzes diminuíam nos encontros da sala de recreação do porão da escola secundária e meus colegas começavam a formar pares nos cantos escuros, eu sempre me via paralisado no sofá, segurando uma mão pequena, adorável e suada, totalmente convencido de que os sinais claríssimos que estava recebendo eram todos fruto da minha imaginação e não deviam ser levados a sério. Eu demorei muito para entender essas coisas.

Às vezes, as palavras ficam suspensas no ar de um jeito quase físico, como se tivessem adquirido as propriedades de um objeto de verdade, que eu poderia tocar e sentir se estendesse a mão. Ou como a sensação que temos quando sabemos que alguém entra no cômodo em que estamos sozinhos. E, mesmo que essa pessoa não faça barulho nem se anuncie, percebemos a presença dela e sabemos que já não estamos sozinhos.

O mais surpreendente é que, às vezes, eu nem sequer gosto das canções que proporcionam esses raros momentos quando as ouço depois. Mas, de todas as coisas que gosto em criar canções, esses momentos são os mais importantes para mim. Na realidade, eu não estaria escrevendo este livro se não acreditasse que essas experiências são tão valiosas que seria errado ao menos não encorajar todos a terem as suas próprias.

Então, para mim, essa é UMA canção. Aquela em que você tem trabalhado, o objetivo que representa a escrita e a leitura deste livro. Você saberá quando a encontrar. Se isso puder acontecer enquanto você canta para si mesmo, há uma boa chance de funcionar para outra pessoa. Talvez eu precise escrever cinquenta canções, ou cinquenta quase canções, para conseguir uma ou, às vezes, posso entrar numa sequência de composições em que me sinto sobrenaturalmente conectado às minhas habilidades.

Estou me contradizendo aqui? Se uma canção é mais invocada do que criada com intenção, por que temos que aprender todos esses exercícios, fazer todo esse trabalho passo a passo? Porque eu espero que tudo o que compartilhei aqui sirva para ajudar você a se reconectar com sua imaginação, de uma forma que, com o tempo, permitirá que você simplesmente feche os olhos e *imagine* o que vem a seguir.

É possível escrever uma canção no intervalo de tempo necessário para tocá-la. Começar apenas com uma ideia e tocá-la por inteiro, como se estivesse ouvindo um disco. Como? Isso é maluquice! E, na verdade, não acontece com muita frequência, nem mesmo para mim. Mas a única razão pela qual cheguei a esse ponto foi porque aprendi outros caminhos para acessar meu subconsciente e, com o tempo, os transformei em estradas bem pavimentadas. Por fim, me familiarizei o suficiente com o que gosto de ouvir e com os tipos e formatos das canções a ponto de conseguir improvisar uma música aceitável da mesma forma que você pode usar suas habilidades linguísticas para descrever o seu dia.

Você consegue fazer isso? Com prática, aposto que sim! Não acho que sou especial, e acredito que é isso o que pode acontecer quando você continua fazendo tudo o que discutimos até agora repetidas vezes: você para de ter que trabalhar nisso e as coisas simplesmente vêm até você. No início, tentativa e erro representam uma grande parte no processo de unir letra e música, e sempre haverá momentos que exigem paciência. Mas, quanto mais você insiste, mais fácil se torna simplesmente fechar os olhos, ouvir a música em sua cabeça e imaginar o que você gostaria de ouvir em seguida. Além disso, e igualmente importante: ficará mais fácil determinar quando uma ideia não está funcionando e quando falta apenas um ingrediente para uma ideia se tornar mágica. Isso exige um bocado de prática e de trabalho.

Aliás, eu gostaria de ressaltar que você não é obrigado a fazer nenhum desses exercícios em particular – embora, sem a disciplina diária, talvez você precise se contentar em escrever poucas canções por ano, aquelas que surgem em rompantes de inspiração.

Então deixe a mágica acontecer. Está quase na hora! Mas, antes, vamos dar um passo atrás e examinar algumas maneiras práticas de construir uma canção a partir das ideias que acumulamos nos capítulos anteriores. Basicamente, comece encontrando uma das melodias ou progressões de acordes que você coletou e que sente vontade de finalizar. Em seguida, procure entre as ideias de letra algo que se encaixe ritmicamente e emocionalmente. Se não encontrar nada, volte e trabalhe nos exercícios de letra relacionados a associar palavras a uma melodia, como encontrar palavras em uma página de livro. Fácil, né?

Veja, só porque a descrição de um processo parece banal, não significa que o resultado será. Na realidade, eu provavelmente finalizo mais canções dessa maneira do que de qualquer outra. Enquanto escrevo isso, percebo que minha ideia de uma canção pode ser drasticamente diferente da sua, e que posso estar te conduzindo por um labirinto de sentimentos peculiares em direção a um objetivo um tanto nebuloso e mal definido. Ótimo! Acho que você deve desconfiar de minha ideia de canção, bem como de suas próprias ideias preconcebidas sobre como criar as canções que você acha que deve escrever. Estou até disposto a dizer que as canções que você nem sabe que quer escrever são melhores do que aquelas que você está imaginando agora.

Nada sobre o modo como gosto de lidar com meus esforços criativos fazia muito sentido para mim no início. Eu sabia que tinha um instinto para compor e um desejo de aprender, mas, como tinha muita dificuldade na parte de leitura de partitura e minha evolução no domínio de um instrumento era muito lenta, sempre presumi que nunca descobriria como as pessoas realmente escreviam canções. Então, li em algum lugar algo sobre como os escultores inuítes trabalham. Pelo que entendi, eles pegam uma presa de morsa ou um pedaço de pedra calcária e não pensam: "Vou esculpir uma rena, uma foca ou uma águia". Eles simplesmente esculpem e deixam o material lhes dizer o que deseja se tornar. Eles acreditam que a essência já está lá o tempo todo e que eles apenas a revelam. Para mim, o processo de ir das sílabas sem sentido de uma faixa balbuciante até uma letra finalizada, passando por múltiplas revisões, espelha esse método. A melodia é como a pedra ou o marfim. Primeiramente, foco apenas nos sons, esculpindo com palavras, e depois com palavras com significado, até que uma imagem aparece. Finalmente, consigo adicionar uma linguagem clara e precisa que destaca e revela um "alce" ou uma "lontra" – o que, no meu caso, é quase invariavelmente uma canção sobre "morte".

É assim que me sinto quando estou no meu estado ideal de criatividade: fico tão empolgado em ver o que vai acontecer a seguir que é como se eu estivesse de fora, me assistindo fazer isso. Mais uma vez, vou repetir que essa é a parte que acho que posso encorajar e ensinar. Os processos que estou propondo podem ser usados inúmeras vezes e o resultado nunca será a canção que você imagina. Se você usar o mesmo processo que usei para compor "I Am Trying to Break Your Heart", você não escreverá "I Am Trying to Break Your Heart (De novo)" e nem mesmo "I Am Trying to Break Your Heart (Desafio em Tóquio)". E sei disso porque usei esses processos repetidamente por anos e ainda fico encantado e surpreso com as diferentes formas e animais que eles revelam da pedra bruta que é o meu cérebro.

O estado criativo é a parte mais importante. E nada disso tem significado se você não estiver empolgado com a descoberta do que está fazendo.

21 Gravando o que você fez
Ouvindo sua própria voz

É quase impossível trabalhar em canções sem gravar a si mesmo em algum momento. Mesmo pessoas com a habilidade de notação musical fazem simples versões demo. Sempre fiquei satisfeito com uma gravação simples de uma performance solo acústica como uma demo para aprofundar depois. Logo no início, antes dos iPhones, eu usava um gravador de fitas barato. Algumas dessas gravações até foram lançadas ao longo dos anos.

Agora estou completamente satisfeito com as gravações que faço em meu celular. Mas me pergunto se estaria tão satisfeito se estivesse apenas começando a aprender a escrever músicas hoje. No início da minha carreira, minha voz era um grande fator inibidor em relação à segurança que eu sentia ao gravar, e isso afetava minha capacidade de me concentrar na música em si, em vez de na performance. O gravador barato que eu tinha resolveu esse problema para mim, ao fazer minha voz soar... não exatamente como a minha própria voz. O controle do tom era desajustado o suficiente para tornar minha voz mais melodiosa e um pouco distorcida. Eu adorei isso. Minha voz foi alterada o suficiente para que eu pudesse ouvi-la sem perceber as falhas e insuficiências.

Um gravador digital é sempre muito menos indulgente e mais preciso, e tenho sorte de ter feito as pazes com minha voz com o passar dos anos. Mas o que eu faria se estivesse começando tudo de novo? Em primeiro lugar, se você não quer se ouvir, não ouça. O processo e a experiência de criar uma música são mais importantes do que ouvir gravações de si mesmo.

Contudo, gostaria de dizer para qualquer pessoa incomodada com o som de sua própria voz que ela é parte de seu corpo, então você deve ao menos tolerá-la. É importante no mínimo aceitá-la e colocar como objetivo amá-la. Enquanto isso, aqui vão algumas dicas de gravação que podem suavizar um pouco o impacto e o choque de se acostumar a ouvir uma gravação de sua voz cantando.

1. Reserve um tempo para encontrar um ambiente com boa acústica para gravar. Banheiros geralmente são excelentes por causa das superfícies que refletem o som. Muitas gravações profissionais já foram feitas em banheiros e quase todos os cantores preferem sua voz com pelo menos um pouco de reverberação.

2. Preste atenção na posição do microfone. Surpreendentemente, isso muitas vezes é negligenciado até por compositores veteranos. Se você está gravando em um celular, experimente diferentes posições para encontrar o equilíbrio mais satisfatório entre seu instrumento e sua voz. Caso esteja gravando apenas sua voz, encontre uma distância do microfone que permita captar um pouco da atmosfera do ambiente para suavizar os contornos de uma melodia gravada digitalmente e sem adornos.

3. Experimente diferentes métodos de gravação e tipos de tratamento vocal. Esse conselho foge um pouco de minha experiência, porque, quase como um princípio, tenho evitado usar software de gravação doméstico e equipamentos de multitracking (dos quais existem inúmeras opções com preços razoáveis) no processo de composição, desde o momento em que eles surgiram. Acho difícil manter o foco na música quando há mais botões para apertar e ajustar além de *Gravar* e *Parar*. Mesmo no estúdio, resisto a tocar nos botões, porque

sinto que paro de ouvir a música por completo no segundo em que meus dedos tocam um controle. Minha atenção parece ser imediatamente desviada para pensar apenas no parâmetro que agora estou "controlando". Mas isso sou eu e minhas peculiaridades. Tenho muitos amigos e conhecidos músicos e compositores que se divertem criando gravações caseiras muito mais elaboradas, cuidando de toda a engenharia de som. Talvez você goste desse aspecto, e não quero te desviar dele. Certamente, isso proporcionaria a alguém inseguro sobre sua voz uma gama quase infinita de disfarces tecnológicos vocais para abrir um caminho a ser seguido.

Faixas balbuciantes
Outro cenário: o que você faz quando tem uma melodia de que gosta, uma boa ideia de onde os acordes se encaixam, e está ansioso para trabalhar em um arranjo, mas ainda não tem a letra? Quando tem a inspiração, mas ainda não tem a letra e não quer desperdiçar a energia que está sentindo ao diminuir seus impulsos musicais enquanto seu centro de linguagem tenta acompanhá-los?

Vou te contar o que eu e muitos compositores fazemos nesses casos. Nós fingimos! Eu canto coisas sem sentido que se encaixem na melodia, e que soem bem nos lugares certos, para conseguir uma ideia melhor de como a canção vai soar quando eu encontrar as palavras que completem o quadro. Eu as chamo de "faixas balbuciantes", e se você ouviu Wilco o bastante, provavelmente ouviu algumas que, inadvertidamente, acabaram na mixagem final, pois nunca encontrei palavras que significassem para mim o tanto quanto meus balbucios. Eu juro! Sem querer contar vantagem e parecer ridículo, eu fiquei tão bom em minhas balbuciações que toquei algumas músicas já mixadas para algumas pessoas e recebi elogios deles sobre as letras da canção! Por vezes, enquanto olho incrédulo, elas até citam seus versos favoritos (e eu os anoto, naturalmente).

Como essas faixas balbuciantes acabam virando letras "vencedoras do Grammy" é um processo que acho que qualquer um pode descobrir com um pouco de prática. Para mim, o segredo é se render à falta de sentido e anotar as primeiras palavras que vêm à mente enquanto se escuta o que se gravou. Isso pode exigir algumas repetições, mas eventualmente elas deixam de soar como um amontoado de sons inarticulados e começam a parecer quase como se você estivesse traduzindo de outra língua – ou, melhor ainda, como se você estivesse tomando um ditado. Depois de concluir essa etapa, me sento com as palavras na página para ver se é possível dar algum sentido à tradução bruta. O mais chocante é que sempre há mais sentido do que se poderia esperar. Eu tive até algumas letras completamente formadas depois da primeira tradução. Não sou inteligente o suficiente para saber explicar esse feito aparentemente improvável, mas juro que já aconteceu.

Na maioria das vezes, porém, são necessárias muitas revisões para extrair algo coerente e cantável desse processo, mas, cara, como vale o esforço! É uma sensação maravilhosa quando tudo se encaixa e me deixa novamente com aquela expressão intrigada: "Como eu fiz isso?". Algumas linhas atrás usei uma palavra que seria uma pena deixar passar batido: "cantável". A principal vantagem de se libertar o suficiente para basicamente improvisar esse balbucio em suas músicas é que isso enfatiza como você quer que a melodia se sobressaia à ideia de que a letra que você escreveu é perfeita. Você pode descobrir que precisa alterar a melodia ou adicionar uma sílaba a alguns sons vocálicos aqui e ali. Essa é a melhor maneira que encontrei para manter minha mente focada em como uma letra "canta" e em seu fraseado.

O que descobri, depois de escrever uma infinidade de canções, das mais diferentes maneiras, é que tendo a QUERER cantar as canções que foram escritas dessa maneira mais do que as que seguem outros estilos de composição. Vale destacar também que quase sempre consigo fazer as letras dizerem o que quero que digam, mesmo que precise remover uma palavra ou verso favoritos por serem difíceis de cantar ou simplesmente soem mal para os ouvidos.

Acredito que passar tanto tempo da vida usando essa técnica também me deu uma noção melhor de quando algo será prazeroso ou satisfatório de cantar, independentemente de como as letras tenham sido criadas. Aqui está uma verdadeira dica para lembrar como compositor: se você não gosta do que está cantando, do que sente quando canta, e como soa ao seu ouvido, não há razão para esperar que outra pessoa queira cantar junto com você. De certo modo, não é essa a razão por trás de todo esse processo? Não queremos, mais que tudo, criar algo que reflita quem somos e como nos sentimos de uma forma honesta o suficiente para que outra pessoa se sinta vista, reconhecida e menos sozinha?

22 Está empacado?
Como superar o "bloqueio criativo"

Espero que, a esta altura, você já tenha tido a experiência mágica de compor uma canção inteira, ou parte dela, de uma maneira empolgante. E talvez você já tenha gravado e se ouvido cantando. Mas e se não for o caso? Acho que agora é a hora de admitir que sempre fui cético em relação ao termo "bloqueio criativo". Não porque eu nunca tenha vivido um período em que me senti improdutivo ou sem inspiração, mas porque percebi que isso não é realmente um bloqueio, mas um julgamento. É raro não conseguirmos realizar nada. Não acredito que um escritor perca completamente sua capacidade de criar. No entanto, todos os escritores passam por períodos em que não gostam tanto do que estão criando quanto gostariam. Claro que estou constatando o óbvio: sabe-se que a sensação de bloqueio é uma questão psicológica, e eu gostaria de compartilhar algumas ideias e reflexões sobre onde nosso pensamento se distorce quando ficamos travados.

Em primeiro lugar, vamos parar de chamar isso de bloqueio. O único obstáculo entre um criador e seu objetivo é também uma criação. Logo, podemos chamar do que quisermos. Prefiro pensar nesses períodos como uma série de obstáculos ou de desafios. Chamar de "bloqueio" parece dar um peso maior do que a situação merece. É curioso que não tendemos a dar a nossos outros estados mentais metáforas tão físicas: "Minha nova canção é um lago banhado pelo sol; mergulhe nela!". Ninguém diz isso. Contudo, o grande problema de chamarmos de "bloqueio" é que isso implica que seguir em frente é a única direção permitida; que o que está do outro lado do monolito é o único lugar onde queremos estar e o único objetivo pelo qual vale a pena lutar. E tudo isso é besteira. E, novamente, tudo o que você acha atraente na ideia de contornar seu "bloqueio" criativo também é fruto da sua imaginação. Quando me sinto empacado tento me reconectar com a realidade da situação. Não existem regras e EU as crio! Aqui estão algumas maneiras de reafirmar seu lugar na hierarquia da sua própria imaginação.

Comece pelo lugar errado

Começar pelo lugar errado é uma boa mensagem e um bom jeito de inverter o seu julgamento. Se você gosta de canções mais delicadas e melódicas, comece com o som de uma bateria eletrônica. Se você tem quase certeza de que o refrão de sua música é uma porcaria, comece com ele, transforme-o no início da canção e veja se sua percepção se altera. Você consegue tocar a progressão de acordes na ordem inversa? É impressionante como isso pode funcionar às vezes. Já inverti progressões de acordes sem precisar alterar a melodia, exceto por pequenos ajustes. Você escreveu a canção no violão? Toque-a na guitarra da maneira mais barulhenta que conseguir.

Comece pelo lugar certo

Digamos que você não consegue terminar uma canção. Você tem um trecho favorito? Um verso favorito? Comece por aí. Esse é um dos conselhos mais úteis que já me dei. Sem rearranjar minhas canções dessa forma, eu jamais teria descoberto o poder que um primeiro verso pode ter sobre a trajetória de uma canção. Quando me deparo com um bom verso, quase sempre o coloco em primeiro lugar. Diria até que um bom primeiro verso é o fator mais determinante para saber se uma canção que escrevi verá a luz do dia. "The ashtray says/ You were up all night" [O cinzeiro revela/

Que você passou a noite em claro], "When you're back in your old neighborhood/ The cigarettes taste so good" [Quando você volta ao seu antigo bairro/ Os cigarros têm um gosto tão bom], "I'm surprised staring at the knives/ Lying silent in the drawer" [Estou surpreso, olhando para as facas/ Deitadas em silêncio na gaveta]. Para mim, todos esses versos carregam imagético e mistério suficientes para me impulsionar para o restante da canção. Então, acabe com os obstáculos. Canções não seguem o ritmo de romances, tampouco de contos, elas são mais parecidas com adesivos de para-choques. Se você tem um verso que parece ótimo de cantar e chama sua atenção, veja o que acontece ao abrir a música com ele. É algo tão simples, mas é surpreendente como pode ser transformador. No mínimo, é uma boa maneira de desmantelar qualquer barreira que esteja te atormentando. É mais ou menos como: "Tudo bem, não consigo escalar esse muro, mas que tal esse BOLO DE CHOCOLATE?".

Deixe de lado

Esse conselho talvez não faça sentido se você não estiver interessado em ser alguém que escreve músicas como parte de uma rotina diária. Mas é uma excelente dica para qualquer pessoa que não esteja trabalhando com um prazo – o que deveria incluir quase todo mundo que escreve uma canção. Deixe de lado o que está fazendo e que está te deixando frustrado. Não pense nisso. Deixe de lado. Talvez, faça uma última tentativa antes de ir dormir para ver se seu cérebro consegue desatar alguns nós enquanto você dorme. Mais uma vez, é o que recomendo tentar com qualquer trabalho criativo em que você esteja envolvido, empacado ou não.

Mas faça um favor a si mesmo e encontre alguma atividade que ajude seu cérebro a reiniciar. Às vezes, só parece um muro porque você está batendo a cabeça nele. Para mim, por incrível que pareça, funciona trabalhar em uma canção diferente ou começar outra. Essa é a vantagem de fazer da composição uma atividade diária: sempre tenho um acervo de músicas inacabadas para desenterrar e pensar enquanto deixo de lado uma que está me deixando travado. Um bom número das canções inacabadas que tenho são as que deixei de lado por frustração, e é incrível como muitas vezes elas parecem se resolver sozinhas quando você desvia seu olhar cheio de expectativa delas.

Às vezes as notícias são boas e as canções estão muito mais acabadas do que eu imaginava. Mas nem sempre são boas notícias. Com o benefício do tempo, consigo perceber que o que eu estava esperando de algumas canções era bem mais do que sua natureza permitia. De todo modo, ser lembrado de que canções têm vida própria geralmente me leva de volta à música problemática da qual acabei de me afastar, com uma nova apreciação pelo que tenho diante de mim em contraste com o que eu estava tentando alcançar.

Uma das maneiras de se tornar um melhor compositor é aprender a aceitar o que é dado, mesmo que pareça que surgiu do nada. O que quero dizer com isso é que às vezes ficamos excessivamente desconfiados de coisas que são fáceis. De vez em quando, as coisas em que somos "bons" podem ser injustamente desvalorizadas. Acho natural se esforçar para ser ótimo e, igualmente, imaginar que a grandeza exige esforço e até dor. Mas essa crença muitas vezes nos obriga a desprezar o que parece ser feito sem esforço. Passei por um período em que me sentia constrangido pelas canções country e folk que estava escrevendo, músicas que eu não pedi para compor e que pareciam fluir de mim sem serem provocadas.

Mas, em determinado momento, percebi que era muito mais produtivo simplesmente deixar fluir, em vez de tentar descobrir como transformar uma canção folk de três acordes em uma de rock progressivo.

De certo modo, nosso álbum *The Whole Love* começa e termina nos dois extremos dessa descoberta. Eu não pretendia ilustrar explicitamente essa transição nas sensibilidades musicais, mas ir da faixa de abertura, "Art of Almost", até a de encerramento, "One Sunday Morning", é realmente uma boa maneira de perceber o que estou querendo dizer. Ainda estou satisfeito com as gravações e os arranjos das duas músicas, ainda que elas não pudessem ser mais divergentes estilisticamente uma da outra.

A verdade é que ambas começaram quase no mesmo lugar. Ambas são canções folk simples, de três ou quatro acordes. Em algum momento, durante o processo de criação do álbum, me ocorreu que nem todas as minhas canções simples estavam sobrevivendo à abordagem maximalista de arranjos que aplicamos em "Art of Almost". É uma lição que eu precisava aprender e reaprender várias vezes ao longo dos anos, e ela é realmente valiosa. Não subestime as coisas que vêm com facilidade. Às vezes, elas são justamente as coisas que seriam mais difíceis para outra pessoa e, frequentemente, as quase impossíveis de se fazer quando você se esforça demais.

Dito isso, estou satisfeito por ter passado por essa fase. Ela tornou as coisas interessantes, e hoje gosto dessas canções, mas não recomendaria isso como uma maneira saudável de trabalhar. Deixe-me dizer o seguinte: acredito que às vezes nos sabotamos quando estamos felizes. Criamos conflitos em nossos relacionamentos porque nos sentimos inseguros e carentes. Sentir-se apegado a algo pode ser desconfortável. Às vezes, você está travado porque tem medo de perder algo que ama. Talvez você estivesse leve, trabalhando em uma canção e, de repente, se apaixonou por ela. E então se sentiu vulnerável, pensando: "E se ela não for boa de verdade?" ou

"E se eu não conseguir alcançar o verdadeiro potencial dessa canção?". Isso não é algo que alguém no campo da psicologia chamaria de "apego ansioso"? Talvez você tenha se afastado quando começou a sentir algo. Talvez tenha se reconhecido na canção e sentido uma conexão que parecia amor. E então se preocupou: "Será que ela vai retribuir o meu amor?". Deixe a canção ser o que ela é. Deixe-a ser o que ela quer ser: o que ela precisa ser. Uma canção sempre te amará de volta, às vezes ela só precisa de um pouco de espaço.

Não deixe de lado

Agora que já defendi a ideia de que uma boa solução ao se sentir travado é se afastar por um tempo, gostaria de fazer uma sugestão que não é inteiramente contraditória. Continue insistindo. Permaneça no desconforto que está sentindo e force sua música a se tornar realidade.

Nos parágrafos anteriores, enfatizei que a ausência de esforço não significa que o trabalho não seja sério ou digno. Acredito que esse é um ponto importante, porque a maioria das pessoas associa dificuldade a qualidade: a ideia de que *precisa* ser difícil escrever uma boa canção. Precisávamos deixar de lado esse modo de pensar, principalmente porque ele é o mais comum. Feito? Ótimo.

Agora vamos discutir a verdade sobre o que um trabalho árduo, persistente, e uma postura determinada podem fazer por você. Vamos admitir logo de cara que alguns de nós desanimam quando as coisas ficam difíceis. Sempre haverá desculpas de sobra para se convencer a não criar uma obra de arte. A primeira delas é: "Quem precisa disso?". Quer dizer, não é como se você estivesse saindo de um turno na lanchonete enquanto há uma fila na porta. Você também não é um cirurgião com um coração exposto, batendo na sua frente, que decidiu que não vale a pena tentar hoje. É só uma canção, e daí? Bem, seu idiota, daí que desistir vira um hábito. E essa gratificação tardia que vem de uma canção finalizada com certo esforço vai te ensinar mais sobre compor músicas do que este livro inteiro jamais será capaz. Com sua própria determinação e seu esforço, você aprenderá onde provavelmente vai ficar empacado e estará uma música mais consciente da ideia de que nenhuma delas surge do mesmo jeito.

Sem falar em como é bom poder dizer: "Eu consegui, eu não desisti. Essa canção agora existe. E agora gostaria de agradecer à comissão do Grammy, ao meu agente e... ah, sim, a Deus. Ainda que eu não ache que Deus teve muito a ver com isso...". De todo modo, toda procrastinação futura será um pouco menos convincente depois de uma música conquistada com trabalho duro, certo?

23 O que você acabou de fazer? É bom?
Precisa ser bom?

Espero que, a esta altura, você já tenha algo pronto: na sua cabeça, no seu gravador, em um caderno, em algum lugar. Mas é bom? Essa é, obviamente, uma pergunta importante. Construímos nossas vidas em torno do desejo de sermos bons em algo e de sermos reconhecidos por nossas contribuições. Então, não vou argumentar que não importa se sua canção é boa ou não. Mas vou frisar que a forma como você julga a arte que cria é muito menos importante do que o ato criativo em si.

E será uma tarefa difícil se você quiser criar somente "boas" canções. Quero ressaltar novamente que é necessário aprender a aceitar ser ruim no que você faz – soar mal, escrever uma canção ruim, tocar mal o violão –, caso contrário você nunca se tornará "bom". E você precisa continuar aceitando passar pelo "ruim" para poder chegar ao "bom".

Então, é melhor tentar encontrar alegria em criar até uma canção ruim, ou um poema ruim, ou uma pintura ruim, ou qualquer outra forma de arte que você precise criar. Todos nós poderíamos dar um tempo em nosso ego – aquela parte sempre vigilante, constantemente observadora e hipercrítica de nosso cérebro, que usamos para nos proteger de ferir nossos sentimentos ou sofrer qualquer tipo de sofrimento psíquico. Sabe quem não tinha isso tudo quando era criança? Você! Ninguém possui isso até certa idade. Entendo a necessidade de nos proteger e como a habilidade de colocar um esquadrão de células cerebrais funcionalmente encarregado de patrulhar nossos limites deve proporcionar alguma vantagem evolutiva para a sobrevivência. Mas isso também prejudica nossa qualidade de vida.

Nós perdemos muito à medida que envelhecemos e esse aparato fica mais eficiente e habilidoso em descartar nossos fantásticos desejos e caprichos infantis. Talvez esse processo se inicie quando aprendemos que somos separados do mundo, que tudo que nos rodeia não somos nós, não é uma parte do que somos: que existem "outros", que nem tudo é somente para nós, e que aqueles outros talvez possam ter necessidades e desejos que prevaleçam sobre os nossos. Talvez comece quando aprendemos que precisamos ser criteriosos na escolha de nossos amigos: quando começamos a questionar motivações e a desconfiar dos pensamentos das outras pessoas.

Estou certo de que alguém sabe quando e por que perdemos nossa maravilhosa inocência e nos tornamos autoconscientes e críticos mordazes de nós mesmos. Tudo o que sei é que, invariavelmente, as crianças são artistas melhores que os adultos e que estão mais conectadas com sua criatividade. A imaginação corre solta quando você se senta no chão para colorir com crianças pequenas. Isso que é inspiração! Pergunte a uma criança sobre uma pintura em que ela está trabalhando. É algo milagroso. E acho razoável aspirar a esse nível de liberdade artística. Acredito que isso ainda está dentro de cada um de nós. Escrevi sobre isso em meu primeiro livro, mas acho que vale a pena retomar o assunto. Durante minha estadia em um hospital psiquiátrico, há cerca de dezesseis anos, testemunhei esse superpoder infantil reaparecer, tomar o controle e transformar uma mulher virtualmente catatônica durante uma sessão de arteterapia. Penso nisso quase todos os dias.

Uma mulher de sessenta e poucos anos, viciada em heroína, que passara boa parte dos últimos trinta anos entrando e saindo de internações e morando na rua – e de quem eu não ouvira um som sequer em nenhuma das sessões de terapia em grupo e tampouco na sala de fumantes – desenhou uma simples imagem de si mesma. Não era um desenho excepcional, mas se parecia com ela.

Quando ela ergueu o desenho para a turma ver, ouvi sua voz pela primeira vez. Ela disse que não se lembrava da última vez que segurara um lápis. Ela sorriu! E chorou. Todos aplaudiram e se juntaram para abraçá-la. Foi algo tão marcante, incrível e curativo ver os olhos de alguém se iluminarem – tornarem-se humanos novamente – ao perceber que tinha o poder de criar algo que não existia antes.

É um poder que reservamos a "Deus", manifestar coisas do nada. Não é incrível? Feche os olhos e imagine a cor azul ou um som qualquer. Como você fez isso? Você criou isso. E não é o mesmo som que outra pessoa criaria. Subestimamos isso, como se fosse algo a ser comparado com a imaginação dos outros, e isso é um desperdício de algo valioso.

Eu não gosto de todas as canções que escrevo, mas gosto de tê-las escrito. Sei que, para cada cinco ou seis canções que componho, haverá uma que significará muito para mim, e que ela não existiria se eu não tivesse escrito as demais, se eu não tivesse praticado para chegar até aquele lugar. Um lugar que é o mais próximo possível de se colorir algo no chão que consigo chegar.

24 Compartilhando sua canção

Agora que você escreveu uma canção, o que vai fazer com ela? Você precisa gravá-la além do gravador ou da demo que fez para apresentá-la? Talvez não! Tenho uma boa sugestão, mas, antes, vamos dar uma olhada em algumas opções. Enquanto escrevo isso, percebo que começo a visualizar outro livro, somente sobre todas as excentricidades e indignidades sutis de se estar em uma banda. Talvez eu o chame de *Estar em uma banda*: esse é um tópico muito vasto para mim. E agora me lembro de como meu pai costumava mencionar o que queria comer na próxima refeição, enquanto ainda estava com a boca cheia do jantar daquela noite. Então... vou manter este livro como uma busca solitária por enquanto.

Vamos definir uma canção aqui, no contexto deste livro, como algo que você cria e apresenta sozinho. Eis minha sugestão: toque sua canção para pelo menos uma pessoa além de você mesmo. Permita-se sentir a intimidade e a vulnerabilidade de cantar sua canção em voz alta, com alguém ouvindo: de preferência alguém que você ame. Eu costumava tocar minhas músicas para minha mãe, mas pode ser qualquer pessoa. Uma noite de microfone aberto em um bar? Acho que até um animal de estimação vale. O importante é que seja uma consciência fora de você.

Isso não é exatamente a velha história da árvore que cai sozinha no meio da mata. Não acho que sua canção só existe quando você a manifesta na imaginação de outra pessoa. Mas acredito que o que torna uma canção uma canção é o que se sente quando ela é cantada. Você pode desistir no meio do caminho, pode mudar as palavras enquanto as canta, como faria ao perceber que a pessoa que te ouve não está acompanhando. Pois toda canção deveria fazer algum esforço para se conectar: canções são apelos. Trata-se de estender a mão e trazer para dentro... ou de empurrar para fora e olhar para o interior – em proporções iguais ou desiguais. Seja qual for o grau de necessidade dessa conexão em sua vida, você pelo menos dedicou tempo e esforço para criar uma canção. Eu adoraria que você sentisse todo o peso dessa simples verdade repousando suavemente sobre seus ombros por tempo suficiente para entender o que fez.

AGRADECIMENTOS

Gostaria de agradecer a Danny Miller, meu maravilhoso cunhado, por me ajudar a dar o pontapé inicial neste projeto. A Tom Schick e Mark Greenberg, por suas ideias e apoio quase constante. A Josh Grier, Crystal Myers, Dawn Nepp e Brandy Breaux, por manterem minha vida e meu trabalho gerenciáveis. À minha querida família, por fazer tudo valer a pena. E a Jill Schwartzman, por mais uma vez me enganar e me fazer acreditar que eu poderia escrever um livro – e depois me provar que posso.

Também gostaria de expressar minha eterna gratidão a todos os compositores e artistas com quem aprendi e que continuam a me inspirar. Sem o trabalho de vocês, o meu não existiria, e vivo para continuar transmitindo qualquer faísca que possa manter essa luz acesa para aqueles que virão.

SOBRE O AUTOR

Jeff Tweedy é líder e fundador da premiada banda de rock norte-americana Wilco e, antes disso, cofundador da banda de country alternativo Uncle Tupelo. Ele é um dos mais talentosos compositores, músicos e performers da música contemporânea. Jeff lançou três álbuns solo e compôs canções originais para treze álbuns do Wilco. É autor de *Vamos nessa (para podermos voltar): Memórias de discos e discórdias com o Wilco, etc.*, livro *best-seller* do *New York Times*. Ele vive em Chicago com sua família.

Fontes Nobel e GT Sectra
Papel Pólen bold 90g/m²
Impressão Maistype
Data Março de 2025

FSC MISTO
Papel | Apoiando o manejo florestal responsável
FSC® C041155